Arnold Thünker   Mit Sack und Pack und Gummiboot

Arnold Thünker

Mit Sack und Pack und Gummiboot

Die Geschichte des Campings

Gustav Kiepenheuer Verlag

Mit 62 Abbildungen und 13 Karikaturen von Ulrike Vetter

ISBN 3-378-01034-7

1. Auflage 1999

Layout Atelier für grafische Gestaltung, Leipzig
Schriften Stempel Garamond
Reproduktion Förster & Borries, Zwickau
Druck und Binden Clausen & Bosse, Leck
Printed in Germany

Inhaltsverzeichnis

Von der vermeintlichen Romantik des Zigeunerlebens

Er betrachtete sich nicht als einen Touristen,
sondern als einen Reisenden.
Paul Bowles

Camping, das ist für die einen ungezügelte Freiheit und für die anderen eine der unbequemsten Arten, unterwegs zu sein. Die modernen Nomaden der Asphaltstraßen, die in jeder freien Minute aufbrechen, um hinauszufahren, wahren einen großen Fundus an Geschichten, der weit in die Historie zurückreicht. In ihren Berichten und Erzählungen verbergen und spiegeln sich die wahren Gründe, warum der Mensch bis heute seinen Nomadensinn nicht verloren hat und, so oft es ihm möglich ist, dem festen Domizil die freie Natur vorzieht. Camping, das ist Improvisation und ungebrochene Lebensfreude, das ist Unterwegssein pur. Ob mit dem Rucksack, Faltboot, Fahrrad, Motorrad, Auto, Caravangespann oder mit dem Wohnmobil, der Camper kann in jeder Situation die Reisegeschwindigkeit und die Zielorte aufs neue selbst bestimmen. Und ein Stück gewohnte Häuslichkeit muß mit von der Partie sein.

Anfang des 20. Jahrhunderts wurden in Europa die ersten Campingclubs gegründet und Campingplätze eingerichtet. Seit dieser Zeit wächst die Gruppe der Camper ständig. Aus einer kleinen entschlossenen und naturverbundenen Gruppe von Menschen um die Jahrhundertwende ist eine Massenbewegung geworden. In Deutschland setzte der Campingboom nach dem Zweiten Weltkrieg ein. Mitte der siebziger Jahre erreichte er seinen vorläufigen Höhepunkt. 1998 zählte man in Deutschland 11,8 Millionen Camper und 5000 Campingplätze.

Was in früheren Zeiten Notwendigkeit war, ist heute größtenteils Freizeitgestaltung. Zwar sind wir eine mobile Gesellschaft, die, was das Reisen angeht, fast keine Grenzen mehr kennt, im Jet sitzt und oft auf dem Weg arbeitet, doch es ist und bleibt etwas Besonderes, seinen eigenen Lagerplatz zu finden und herzurichten. Die klassischen Nomadenvölker zogen weiter, wenn der Weideplatz abgegrast war, ein Feind sich näherte, dem man sich nicht stellen wollte, eine Quelle versiegte oder die Jahreszeit es erforderte. Auch sie haben schon immer versucht, ihre Art zu reisen und zu lagern so leicht wie möglich zu gestalten. Es wurde mitgenommen, was Tiere und Menschen tragen konnten. Der heutige Mensch flieht gerne dem Alltäglichen und nimmt oft mehr Ballast mit, als er für die kurze Zeit der Freiheit braucht. Bis in die dreißiger Jahre dieses Jahrhunderts nannte man sich gerne »Zeltner«, war man doch meist mit dem Zelt unterwegs. In der Vereinszeitung *Camping* aus dem Jahre 1954 berichtet einer dieser Zeltner, dem die Ahnenforschung am Herzen lag, über Ausgrabungsfunde in Ahrensburg, bei denen man einen nacheiszeitlichen Rentierjäger-Siedlungsplatz freigelegt hatte:

Der »Ur-Campingplatz« vor 10 000 Jahren

»Etwa drei Monate im Jahr jagten sie dort das Ren und hausten währenddes in ihren Zelten. Sie hatten die ersten in der Frühgeschichte nachweisbaren Zelte. Im Herbst zogen sie wieder in Richtung Doggerbank, die damals noch Land war. Von den beiden ältesten gefundenen Zelten ist eines ein Doppelzelt, ein Luxuszelt! Ein ovales, voll geschlossenes Innenzelt von 2,50 × 3,50 m Grundfläche hat ein Überzelt, dieses vorn offen, hufeisenförmig von 5,50 m Durchmesser.«

Das muß das Urcamping gewesen sein, meint er und veranschaulicht sein Wissen mit einer Nachzeichnung für alle Campingfreunde.

Hinweise auf noch ältere Zelte fand man in der Höhle von Font de Gaume im südfranzösischen Tal der Beume. Es ist nachgewiesen, daß diese Funde ungefähr 20 000 Jahre alt sind.

Wenn also kein natürlicher Lagerplatz wie eine Höhle gefunden werden konnte, war es an der Zeit, selbst eine schützende Hülle zu errichten. Der Camper heute vermeidet die Hotelhöhlen und Bettenburgen, bewußt wählt er die Nähe der Natur mit all ihren wetterbedingten Launen zur Erholung. Die Campingplätze, die er anfährt, mögen dem Unbeteiligten wie ein überfülltes Lager erscheinen, tatsächlich sind sie für den passionierten Camper Stationen der Versorgung und Orte der Begegnung. Die Camper, die auf Dauer einen festen Stellplatz an einem Ort unterhalten, bilden den Kern einer jeden Campinganlage. Zu guten Lagerplätzen kehrte man schon in der Frühzeit immer wieder gern zurück.

Wer hat nicht schon als Kind die Lagerstätten der Indianer bewundert, das bunte Treiben um die Wigwams? Ob angeregt durch die Geschichten von Karl May oder durch manchen brutalen Western, die Sympathie für die Lager der Indianer führte bald zu allerlei Eigenbauten im Garten, am Waldrand oder im Kinderzimmer. Hier wurde unter schlecht gespannten Planen oder der Sofadecke als erstem provisorischen Zelt so manches Geheimnis verborgen gehalten. Bei diesen Riten durften nur die »echten« Freunde teilnehmen. Wie groß war die Freude, wenn man dann im Sommer gemeinsam im »richtigen« Zelt schlafen durfte, draußen im Garten oder gar auf der Kuhwiese am Waldrand. Verboten wurde meist nur, ein Lagerfeuer anzuzünden. Die Indianer Nordamerikas, zum Beispiel, hatten dagegen ihre Zelte so angelegt, daß man auch in deren Innerem ein Lagerfeuer unterhalten konnte.

Das Wigwam, von den Indianern selbst Tipi (Ti = bewohnen, pi = zum) genannt, ist ein Zelt, das meist aus einem Gerüst von 13 Holzstangen und Büffelfellen besteht. Zog man weiter, den Büffelherden hinterher, so wurden die Zeltstangen zum Transport zusammengebunden und die Felle und sonstiger Hausrat daraufgeschnürt. So schleiften Packpferde die ganze Lagerstatt auf Zeltstangen über die Prärie.

Schon im Europa der Römer kannte man eine Zeltindustrie, denn die Legionen mußten mit Zelten ausgerüstet sein, um auf den langen Märschen in andere Länder unabhängig lagern zu können. Auf mancher dieser Lagerstätten, oft an den schönsten landschaftlichen Plätzen gelegen, findet man heute eine Stadt wie Köln. Dem Apostel Paulus wird nachgesagt, daß er von Beruf Zeltmacher war. Mancher sieht in ihm den Schutzheiligen der Camper neben Christopherus, der für den Straßenverkehr zuständig ist. Bei größeren Zusammenkünften nächtigte man außerhalb der Stadt in Zeltlagern, was schon damals eine billigere Alternative zu den Gasthäusern innerhalb der Stadtmauern war.

Der Transport der oft erheblichen Mengen an Planen für die Heerführerzelte wurde meist von Wagengespannen übernommen. Das Fußvolk mußte seinen Teil des Zeltes selber tragen, eine beschwerliche Tradition, die sich bis heute bei den Pfadfindern erhalten hat. Damals wie heute benutzen die betuchteren Herrschaften zu ihrem Vergnügen gerne große Reisewagen, die oft ein gewaltiges Gefolge begleitet. Schon vor 2000 Jahren bewunderte man den Reisewagen der Kleopatra, der über eine luxuriöse Inneneinrichtung und über einen raffinierten Sonnenschutz verfügte.

Sioux-Tipis um 1890

Die Feldherrn und reichen Kaufleute jener Zeit zogen zwar mit weniger Pomp, aber, dem Luxus der Zeit entsprechend, in Sänften ihren Reisezielen entgegen. Man unternahm diese Reisen mit Heerscharen von Dienern und Soldaten, die für das leibliche Wohl und die Sicherheit zu sorgen hatten. Schaut man sich im Vergleich dazu die heutigen Caravangespanne an, so bemerkt man, daß das Prinzip geblieben ist, nur die Materialien sind moderner, die technische Ausrüstung ist raffinierter geworden, und der Motor ersetzt all die helfenden Geister, die jahrhundertelang gezwungen waren, einigen wenigen den Luxus einer freien Reise zu garantieren. Die bewaffnete Eskorte ist der elektronischen Alarmanlage gewichen, und die Wegelagerer von heute tragen keine Schwerter mehr.

Marco Polo, der im 13. Jahrhundert Asien bereiste, berichtet von einem Gespann bei den Tataren, dem zwölf Ochsen vorgespannt waren und das man mit Zeltplanen in ein großes Lager verwandeln konnte. Wohl eines der ersten Hauszelte auf Rädern! Wie dieses primitive Gefährt bedarf auch das neueste Wohnmobil des 20. Jahrhunderts eines Elements, das auf faszinierende Art und Weise bis heute unser Leben mitbestimmt: das Rad. Dabei weiß man nicht einmal genau, woher diese Errungenschaft unserer Zivilisation eigentlich stammt.

»Es ist nicht geklärt, ob das Rad zuerst Gebrauchsgegenstand, aus den zur Fortbewegung schwerer Lasten verwendeten Baumrollen hervorgegangen oder ob es zuerst Kultsymbol war«, sagt der Brockhaus von 1956 und weiter: »Das Rad stammt, eng mit der Entwicklung des Wagens verbunden, von den Kulturvölkern der Alten Welt.«

Mit dem Rad ist die Voraussetzung für den Wagen geschaffen. Die Kufen des Schlittens wurden gegen das Rad ausgetauscht und somit ein Transportmittel geschaffen, das auch die Beförderung von schweren Gegenständen über weite Strecken zuließ. Die Stellmacher, wie die Wagenbauer lange Zeit genannt wurden, entwickelten findige Neuerungen, die von den Streitwagen Mesopotamiens bis zum Reisewagen Napoleons immer ausgeklügelter den auftauchenden Problemen begegneten. Das Gefährt des eroberungsfreudigen französischen Kaisers war beispielsweise mit einem Bett, einem Stuhl und einer Handbibliothek ausgerüstet. Und wurde auf der Etappe keine Unterkunft gefunden, so schlief Napoleon auch in seinem »rollenden« Hauptquartier.

Aber nicht nur Feldherrn entdeckten die Vorteile des ausgebauten Reisewagens. Besonders Gelehrte wußten zu schätzen, daß sie in Wagen reisten, die sie für ihre Aufzeichnungen vor Ort nutzen konnten. Mitte des vorigen Jahrhunderts beobachtete man immer häufiger aus England kommende »Chambre du Voyages«, die in Richtung Italien unterwegs waren. Auch wenn die Überfahrt zum Kontinent gefährlich war und die Straßen alles andere als geeignet waren für eine unbeschwerte Urlaubs- oder Entdeckungsreise, man denke nur an die leidlich gefederten Reisewagen. In jener Zeit begann, was heute oft in langen Kolonnen an einem neuralgischen Verkehrsknotenpunkt endet. Damals wie heute hatte man sich vorgenommen, nicht auf den persönlichen Luxus einer eigenen Häuslichkeit zu verzichten.

Neben diesen Amüsementreisenden zogen andere Gruppen von einem Ort zum anderen, die bis heute irrtümlich für die eigentlichen Vorfahren der Camper gehalten werden. Ob Zigeuner, Schausteller, Wunderheiler oder selbsternannte Propheten, diese Randgruppen wurden nicht lange an einem Ort geduldet. Charles Dickens, der große englische Romancier, beschreibt in seinem Roman *Der Raritätenladen* solch eine kleine Gruppe, die ein rollendes Wachsfigurenkabinett zur Schau stellt. Sehr einfühlsam übt Dickens eine vorausschauende Gesellschaftskritik an der vermeintlichen Romantik, die der Volksmund einem Leben auf der Straße andichtet.

War auch der geräumige Wohnwagen von Mrs. Jarley im Winter beheizbar und verfügte sogar über eine Speisekammer, das Weiterziehenmüssen hat wenig mit der großen Freiheit und tatsächlichem rollenden Luxus zu tun. Gerade die Zigeuner, die Völker der Roma und Sinti, werden als die ewigen Vorfahren des Caravaning angesehen: ein Irrtum. Die meisten Clans dieser Völker lebten als fahrende ethnische Minderheit gewöhnlich unter erbärmlichen Bedingungen in primitiven Planwagen, die nur wenig Schutz gegen die Witterung boten. Sie waren beileibe keine Vernügungsreisenden. Als »Zigeuner« sieht man auch die Schausteller, Zirkusleute, die osteuropäischen Bauarbeiter bis hin zu den Formel-1-Teams, die aus beruflichen Gründen mit ihren Caravanen unterwegs sind. So unterschiedlich die Motive des Umherziehens auch sein mögen, die Vorurteile gegenüber diesen Reisenden sind seit Jahrhunderten die gleichen geblieben.

Auch unter überzeugten Campern hält sich die irrationale Skepsis gegenüber fahrenden Völkern hartnäckig. So sitzt beispielsweise die Skepsis eines Campers, der 1955 sein Lager auf einem südfranzösischen Campingplatz aufschlägt, tief. Die Zigeuner haben sich zur »Grande Pélerinage«, der Wallfahrt zu Ehren der heiligen Marien (sic!) versammelt. Der akademische Campingfreund Dr. L. Merkle berichtet: »Kamen am späten Abend an, schlugen unser Lager mit ziemlich tiefem Mißtrauen gegen unsere Nachbarschaft auf und erwogen, am andern Morgen das Terrain genauer zu erkunden und uns eine weniger verdächtige Nachbarschaft zu suchen.« Aber es ist gutgegangen, ihm wurde nichts gestohlen, und das bunte Treiben, das er erlebte, wird ihn zu manch romantischer Geschichte unter Campingfreunden angeregt haben.

Die imaginäre Patenschaft der Zigeuner ist unverwüstlich. Dennoch ist dem Argwohn gegenüber den ziehenden Fremden nur schwerlich beizukommen. Auch wenn die Anzahl der modernen Camper ständig wächst: »Ab und zu rauscht es im Blätterwald. Mal geht es um die angebliche Unmoral auf den Campingplätzen, mal um die Frage, ob Camping wirklich ein naturverbundenes Leben bedeutet und nicht nur eine Verlagerung großstädtischer Lebensweise in die Natur.« Diese Frage wurde erstmals in der Zeitschrift *Camping* Anfang der fünfziger Jahre von den Verantwortlichen der Campingclubs gestellt und wird seitdem immer aufs neue kontrovers diskutiert. Bis heute kommen immer wieder Zweifel über Sinn und Unsinn des Campings auf, die letztlich nur diejenigen ausräumen können, die selbst einmal einen Campingurlaub unternommen haben. Wir machen uns auf den Weg, eine lebendige Kultur aufzuspüren, die von allen Gesellschaftsschichten getragen wird, vom Bankdirektor bis zum Stahlarbeiter. Sie alle wollen ausruhen vom Streß des urbanen Lebens, in der Idylle einer Seenlandschaft oder direkt an der Skipiste. Und dies tun sie, indem sie ihr rollendes Zuhause dort aufstellen, wo sie meinen, es sei der schönste Platz der Welt. Hier beginnt die Campingkultur.

Wirtschaftswunder und Planwirtschaft im Spiegel der Freizeit

Die Ahnen des Campings in Deutschland sind die Kanufahrer und Wanderer. In den zwanziger Jahren entwickelte sich das Flußwandern zum Freizeitvergnügen. Dort wo die Kanuten anlegten, lagerten sie auch. In oft selbstgebastelten Zelten oder mit einfachen Planen im Schutz ihrer Boote. Bis in die dreißiger Jahre hinein war es der Deutsche Kanuverband, der sich um die Anlage von Lagerplätzen kümmerte. Die Wanderbewegung der Arbeitervereine organisierte Zeltlager für die Jugend. Alle diese Aktivitäten wurden von den Nationalsozialisten für ihre Zwecke ausgenutzt und nach der Machtergreifung Hitlers im Sinne der braunen Ideologie gleichgeschaltet. Während des Dritten Reiches wurde das Zelten als Freizeitmaßnahme mit paramilitärischer Ausrichtung in der Hitlerjugend und in den verschiedenen Ferienveranstaltungen der Bewegung »Kraft durch Freude« (KdF) praktiziert. Mit Beginn des Zweiten Weltkrieges wurde auch der Hoffnung einiger Zeltner, eine selbständige Camping-Organisation zu schaffen, ein jähes Ende bereitet.

Erst nach dem Krieg setzte mit dem Wiederaufbau auch eine eigenständige Campingbewegung ein. Hintergrund war der Wunsch nach unabhängiger Freizeit, die die schrecklichen Kriegsjahre vergessen machen sollte. Der Westen Deutschlands erlebte unter der Protektion der Alliierten das Wirtschaftswunder, im Osten wurde der systematische Aufbau der sozialistischen Planwirtschaft nach dem Vorbild der Sowjetunion vorangetrieben. Nur wenige Jahre nach dem Krieg hatten es die Mitteleuropäer geschafft, wieder so etwas wie Normalität herzustellen. Mit der Normalisierung des Alltags und der zunehmenden Freizeit wuchs der Wunsch zu reisen. »Die Deutschen werden reisen wie noch nie, wenn sie erst wieder satt zu essen haben«, prophezeite Dr. Carl Degener im Jahr 1949. Der federführende Mann der Reiseveranstalter-Vereinigung TOUROPA sollte recht behalten. Mit seinem Vorhaben, durch Gruppenreisen preisgünstig die schönsten Urlaubsplätze zu besuchen, hatte er die nationalsozialistische Idee »Kraft durch Freude« in ein florierendes Geschäft gewandelt. Das organisierte Reisen mit der Bahn, bald auch mit dem Flugzeug nahm seinen Anfang; die Pauschalreise eroberte die Welt.

Das rasante Wachstum der Wirtschaft zeigte sich vor allem in der Automobilindustrie. Das Volkswagenwerk, das im Krieg fast völlig zerstört worden war, konnte 1947 schon wieder 9000 Volkswagen der Marke Käfer liefern. Am 4. Dezember 1961 verließ der fünfmillionste Volkswagen das Montageband. Ähnliche Entwicklungen konnte man bei den anderen Automarken feststellen, wenn auch nicht mit ganz so hohen Produktionszahlen. In diesen Jahren avancierte das Auto zum Fetisch des Fortschritts. Ob Kleinst- oder Kleinwagen wie das Gogomobil, der Zündapp Janus, die BMW Isetta, der Messerschmitt-Roller: die Möglichkeit nach ungehemmter Mobilität begeisterte die Menschen, die bis dahin alle ihre Energie in den Wiederaufbau von Wohnungen und Fabriken gesteckt hatten. Das Wirtschaftswunder realisierte, was sich bei den Nationalsozialisten als schnödes Propagandaversprechen entpuppt hatte: jedem sein Auto. Das Motorrad reichte vielen nicht mehr aus, denn nun träumten ganze Familien davon, mit dem eigenen Auto verreisen zu können. Wer sich ein Auto leisten konnte, erhöhte sein Prestige. Nicht nur die Nachbarn konnten jetzt sehen, daß man es geschafft hatte. Der Luxus, losfahren zu können, wann und wohin man wollte, zum nächsten Badesee oder über die Alpen nach Italien, rückte für viele in greifbare Nähe. Wer konnte, schaffte sich ein Auto an und pflegte es, damit der Glanz der neuen Freiheit sich, unübersehbar für alle, auch in den Chromleisten spiegelte.

Sicher schlafen: Der neue Zündapp Janus

Neben den Pauschaltouristen der schnell wachsenden Reiseunternehmen, die sich als »Neckermänner« in die Geschichte eingeschrieben haben, zogen nun auch zu jeder Ferienzeit die Automobilisten los, um die Alpenpässe zu überqueren und die Mittelmeerküsten zu belagern. Die Verkürzung der Arbeitszeit ermöglichte es immer mehr Menschen, in den Urlaub fahren zu können. Und was man gesehen hatte, wollte man auch zu Hause vorzeigen. Zuerst auf Schwarzweißfotos, dann in Farbe und später auf den selbstgedrehten Super-8-Filmen erfuhren die lieben Bekannten, wie schön die Welt sein kann, wenn man sie mit dem eigenen Auto erobert. In keiner Illustrierten jener Jahre fehlte eine Anleitung zum richtigen Fotografieren.

Ob die Erlebnisse im Stau, wo man gerade einen Arbeitskollegen getroffen hatte, oder das morgendliche Anstehen in der Waschanlage eines Campingplatzes, alles wurde dokumentiert, damit es authentisch war.

Die Zeit der »Teutonengrills« war angebrochen. Überall entlang der Landstraßen und noch wenigen Autobahnen wurde auf »Rastplätzen« ausgepackt, was man vorher mühsam im Auto verstaut hatte. Man zeigte, was den neuen Wohlstand ausmachte und welche Neuheiten man sich schon leisten konnte. Jürgen von Manger, der als bissiger Chronist Herr Tegtmeier seinen Zeitgenossen den Spiegel vor Augen hielt, sagte es so: »Im engen und vollgestopften Wagen, Koffer und Taschen auf dem Gepäckträger verstaut, quengelige Kinder auf dem Rücksitz, Vater am Steuer, Mutter daneben, die Straßenkarte auf dem Schoß, so fuhr man gegen Süden. Hinfahren, aussteigen, schön finden, einsteigen, weiterfahren.«

Der Erlebnishunger kannte kaum Grenzen. Die Urlaubskarawanen verdichteten sich von Jahr zu Jahr, und was mancher als individuelle Art des Reisens geplant hatte, endete oft vor dem Schild »Completo« eines italienischen Campingplatzbetreibers.

Genährt, verstärkt und gelenkt wurde das massenhafte Treiben durch massive Werbung. Populäre Spielfilme und Musikschlager, die den Capri-Fischer beschworen, den Lago Maggiore im Wohnzimmer plätschern und die »Rose vom Wörther See« erblühen ließen, taten das übrige. Unvergessen ist der Film mit Heinz Erhardt, der als Wurstkonservenfabrikant, ausgestattet mit allen Attributen eines Wirtschaftskapitäns, auf der Isola Bella seinen Campingurlaub verbringen möchte.

Die Szenen, wo der Wirtschaftskapitän sein neues Steilwandzelt aufbaut, das immer wieder zusammenfällt, oder das Schlauchboot die Luft nicht hält, sind einmalig. Im Kampf mit der neu erworbenen Campingausrüstung und der befremdlichen italienischen Mentalität mimt Heinz Erhardt den Prototyp des ungeübten Campers. Diese Bilder werden manchem Italienfahrer nicht nur die Tränen vor Lachen in die Augen getrieben, sondern ihn wohl auch an eigene Erfahrungen erinnert haben, die nicht gerade weltmännisch in den Augen der Zuschauer gewirkt haben werden. Denn weltgewandt zu sein war nicht leicht, wenn man nun als Gast in Länder zurückkehrte, in denen man noch wenige Jahre zuvor als Wehrmachtsangehöriger gewesen war. Der Argwohn der einheimischen Bevölkerung gegenüber den nun demokratischen Deutschen ließ sich so

Juli – Reisezeit. Vorfreude auf den kommenden Tag beim Kartenstudium

rasch nicht verdrängen. Hans Magnus Enzensberger ist in seiner *Theorie des Tourismus* 1958 der Frage nachgegangen und stellt fest, daß aus der Zurschaustellung des gerade gewonnenen Wohlstands manch »neue« Überheblichkeit der deutschen Urlauber resultierte, die in den lokalen Zeitungen des jeweiligen Urlaubslandes diskutiert wurde. Doch der Tourismus mit all seinen Erscheinungsbildern war zu einem wirtschaftlichen Faktum geworden, der diese Diskussion oft verstummen ließ.

Die Campingurlauber waren zwar diejenigen, die für »kleines Geld« die schönsten europäischen Landstriche eroberten, dennoch wurden sie zusehends gerne gesehen. Schnell erkannten weitsichtige Bürgermeister und findige Bauern, daß sie mit provisorisch umzäunten Feldern und Wiesen, bestückt mit einer Hütte für Hygiene, auch ein Stück vom wachsenden Tourismuskuchen abbekommen konnten. Diejenigen Reisenden mit Zelt und Wohnwagen, die sich irgendwo außerhalb der ausgewiesenen Campingplätze niederließen, wurden zusehends durch Verbotstafeln in allen Sprachen auf die Campingplätze verwiesen. Die einsetzende Entwicklung gab denen recht, die in den Campingtouristen von Anfang an zahlungskräftige Gäste sahen. Denn hatte sich erst einmal die Campingausrüstung amortisiert, gönnte man sich auch einen Besuch im Gasthaus oder ließ anderweitig Devisen. Der Campingboom, der die folgenden Jahre bestimmte, wurde von dem zunehmenden Wohlstand und der wachsenden arbeitsfreien Zeit getragen. War man anfangs noch mit Giebelzelt und dem Nötigsten losgezogen, mußte es Mitte der sechziger Jahre schon ein Wohnwagen sein. Die wachsende Freizeitindustrie zog mit und entwickelte eine möglichst genaue Kopie der Häuslichkeit im kleinen, damit der Camper sich überall auf der Welt zu Hause fühlen konnte. Der Camper der Zukunft sollte sich deutlich vom asketischen Zeltner der Vorkriegsjahre unterscheiden und das Camping als »primitive« Urlaubsform zu einer komfortablen und attraktiven Urlaubsvariante werden.

Auch in der DDR wichen die harten Jahre des Aufbaus einer neuen Normalität. Urlaub zu machen, wurde Gesprächsthema, das Planziel hieß: Urlaub für jeden. Die größte Urlaubsorganisation war lange Jahre der »Freie Deutsche Gewerkschaftsbund« (FDGB), der in den Betrieben die beliebten Urlaubsschecks zuteilte. Der Urlaub mit dem FDGB war billig, der Urlauber mußte nur ein Drittel der tatsächlichen Kosten zahlen, den Rest übernahmen Staat und Betrieb. In beliebten Urlaubsgebieten wie an der Ostsee wurden Häuser und Hotels angemietet, die später enteignet wurden, um vom FDGB als eigene Ferienheime übernommen zu werden. Meist handelte es sich um Villen, Schlösser und Pensionen »aktiver Nationalsozialisten, Kriegsverbrecher, Junker und Monopolisten«, wie es in unzähligen Protokollen der Staatsorgane und der Sozialistischen Einheitspartei Deutschland (SED) heißt.

Die Anfangsjahre des FDGB-Tourismus waren von einer schwierigen Versorgungslage gekennzeichnet. So weist eine Hausordnung 1948 ironisch auf die Lebensmittelsituation hin: »Wenn Du schon Butterbrote und Speckseiten mitgebracht haben solltest, iß sie möglichst am Tisch, damit jeder sieht, was für gute Beziehungen Du hast, und denke daran, wie Dir zumute wäre, wenn Du zusehen müßtest, wie ein anderer in seltenen Genüssen schwelgt.« Da das FDGB-Angebot bei weitem nicht ausreichte, begannen größere Betriebe eigene Ferienheime für ihre Betriebsangehörigen einzurichten. Die Betriebe mieteten vermehrt direkt Privatquartiere und Zeltplätze für ihre Belegschaften an.

Um auch an einem »betriebsfremden« Ort Urlaub machen zu können, tauschten sie untereinander ihre Ferienplätze. Viele andere Einrichtungen, Organisationen und Institutionen, ob Kulturbund, Turn- und Sportbund, die »Gesellschaft der Deutsch-Sowjetischen Freundschaft« oder die »Vereinigung gegenseitiger Bauernhilfe«, veranstalteten Urlaubsreisen, ob in eigenen Ferienheimen oder als Pauschalangebot in die sozialistischen Bruderländer. Mit den Jahren wuchs das Angebot, das Schwarze Meer rückte näher, die Sowjetunion, Polen, die Tschechoslowakei konnten im eigenen Trabant angefahren werden, der Plattensee verströmte einen Hauch westlichen Lebensstils, und irgendwann konnte man einen Platz auf dem FDGB-eigenen Urlaubsschiff »Völkerfreundschaft« erhoffen.

Dem Problem der fehlenden Devisen bei Auslandsreisen begegnete man mit Erfindungsgeist, den jede Mangelwirtschaft hervorbringt. Neben dem benötigten Benzin für die Reise und den Lebensmitteln werden auch Dinge eingepackt, die sich gut zum Naturaltausch eignen. Dabei orientierte man sich an der Nachfrage im Gastland: Gardinen ließen sich gut in Bulgarien tauschen, Kleidung und Lebensmittel waren in Rumänien beliebt, und den Campingkocher »Juwel« konnte man auf dem Budapester Bahnhof ziemlich sicher gegen Landeswährung eintauschen.

Nach dem Motto »Verreisen kann jeder, Zelten ist Charaktersache« entwickelte sich in der DDR der sechziger Jahre das Camping. Gesetzliche Rahmenbedingungen für Zelten und Camping waren 1956 erlassen worden. Die Verwaltung der Plätze wurde zentral geregelt, den Unterhalt besorgten die lokalen Behörden.

Camping in der DDR war eine Entscheidung fürs Leben, viel mehr als im Westen, denn die Ausrüstung fiel unter die Kategorie Luxusartikel. So kostete ein Zelt oft mehr als ein Monatsgehalt. Auch Luftmatratzen und Schlafsäcke waren teuer, aber, wenn man den richtigen Augenblick abwartete, durchaus zu bekommen. Als Argumente für das Freizeitvergnügen im Grünen führte die Zeitschrift *Neues Leben* auf: »Zelten ist billig, man ist Tag und Nacht in der Natur, mal was Romantisches erleben, viel Sonne, viel Wasser, viel Sport [...]« Doch die Gründe für die Lust an dieser Art des Urlaubs lagen wohl eher darin, daß man sich nicht in den organisierten Tagesablauf der Ferienheime einreihen mußte. Camping bedeutete auch, daß man mit den Kindern gemeinsam Urlaub machen konnte, was in der DDR keine Selbstverständlichkeit war. Wenn man seine Anmeldung für den gewünschten Campingplatz rechtzeitig abgegeben hatte, konnte es einem mit einigem Glück gelingen, diesen im nächsten Urlaub anzusteuern.

Ein Auszug aus den Anmeldungs- und Vermittlungsbedingungen zeigt, daß sich Camper in der DDR zuerst einmal durch ein bürokratisches Dickicht schlagen mußten, um ihr Ziel zu erreichen:

»Gründlichkeit bei der Auswahl des Campingplatzes auf Eignung für Art und Dauer des geplanten Campingurlaubs ist oberstes Gebot für jeden erfahrenen Campingfreund!
Die Campingdauer gliedert sich im allgemeinen nach

- Kurzaufenthalt (Wochenend-, Wander-, Transitaufenthalt bis zu 3 Übernachtungen);
- Ferienaufenthalt (von 4 Tagen bis zu 28 Tagen);
- Daueraufenthalt (nur auf den mit ›Dauercamping‹ gekennzeichneten Plätzen).

Jede Voranmeldung gilt nur als solche, wenn sie auf der Antragskarte erfolgt, die – getrennt nach Gruppen- oder Einzelanmeldungen – an den Zeitungskiosken erhältlich ist. Formlose Anträge können nicht bearbeitet werden, ebenso solche Anträge, die vor dem 2. Januar eines jeden Jahres bei der Zeltplatzvermittlung oder den Räten der Gemeinden eingehen.«

Besonders die Plätze an der Ostsee waren sehr beliebt und daher schwierig zu bekommen. Da versuchte mancher mit einem speziellen Begleitschreiben seinem Ortswunsch Nachdruck zu verleihen. »Lieber Cam-

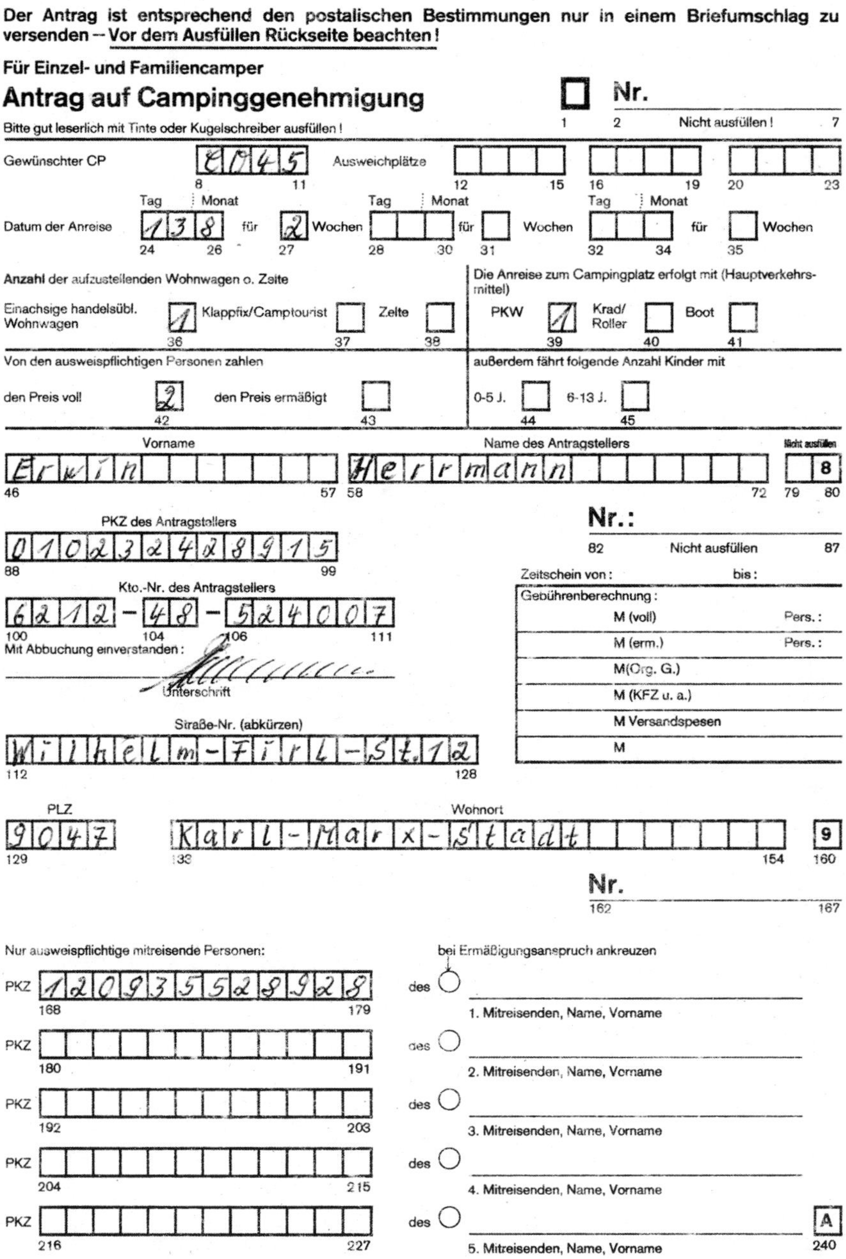
Der Antrag ist entsprechend den postalischen Bestimmungen nur in einem Briefumschlag zu versenden – **Vor dem Ausfüllen Rückseite beachten!**

Für Einzel- und Familiencamper

Antrag auf Campinggenehmigung

Nr. (1 2 Nicht ausfüllen! 7)

Bitte gut leserlich mit Tinte oder Kugelschreiber ausfüllen!

Gewünschter CP [C045] (8–11) Ausweichplätze (12–15) (16–19) (20–23)

Datum der Anreise Tag Monat [13 8] (24–26) für [2] (27) Wochen; Tag Monat (28–30) für (31) Wochen; Tag Monat (32–34) für (35) Wochen

Anzahl der aufzustellenden Wohnwagen o. Zelte

Einachsige handelsübl. Wohnwagen [1] (36) Klappfix/Camptourist (37) Zelte (38)

Die Anreise zum Campingplatz erfolgt mit (Hauptverkehrsmittel)

PKW [1] (39) Krad/Roller (40) Boot (41)

Von den ausweispflichtigen Personen zahlen

den Preis voll [2] (42) den Preis ermäßigt (43)

außerdem fährt folgende Anzahl Kinder mit

0-5 J. (44) 6-13 J. (45)

Vorname [Erwin] (46–57) Name des Antragstellers [Herrmann] (58–72) Nicht ausfüllen (79) 8 (80)

PKZ des Antragstellers [010232428915] (88–99)

Nr.: (82 Nicht ausfüllen 87)

Kto.-Nr. des Antragstellers [6212-48-524007] (100–111)

Mit Abbuchung einverstanden: [Unterschrift]

Unterschrift

Zeitschein von: bis:

Gebührenberechnung:	
M (voll)	Pers.:
M (erm.)	Pers.:
M(Org. G.)	
M (KFZ u. a.)	
M Versandspesen	
M	

Straße-Nr. (abkürzen) [Wilhelm-Firl-St.12] (112–128)

PLZ [9047] (129) Wohnort [Karl-Marx-Stadt] (133–154) 9 (160)

Nr. (162–167)

Nur ausweispflichtige mitreisende Personen:

bei Ermäßigungsanspruch ankreuzen

PKZ [120935528928] (168–179) des ○ 1. Mitreisenden, Name, Vorname

PKZ (180–191) des ○ 2. Mitreisenden, Name, Vorname

PKZ (192–203) des ○ 3. Mitreisenden, Name, Vorname

PKZ (204–215) des ○ 4. Mitreisenden, Name, Vorname

PKZ (216–227) des ○ 5. Mitreisenden, Name, Vorname A (240)

Camping-Antrag in der DDR

pingplatzcomputer!« war eine Form der Ansprache, die nicht selten in der Zentralen Campingplatzvermittlung für den Bezirk Rostock in Stralsund, die für die Ostsee zuständig war, gelesen wurde. Was tat man nicht alles, um dem organisierten Kollektivismus zu entgehen.

Auf dem gewünschten Campingplatz angekommen, ob mit Bahn, Fahrrad oder eigenem Auto, gab es weitere Hürden, die jedoch von vielen weniger als staatliches Bremsmanöver denn als Urlaubsabenteuer angesehen wurden. Die Waren des täglichen Bedarfs (WtB) waren in den Läden auf den Campingplätzen, falls es denn welche gab, meist rar. Also machte man sich auf zur Versorgungstour, was in den umliegenden Orten zu mancher Auseinandersetzung mit den ansässigen Bewohnern führte, weil die Schlangen vor den Läden durch die Urlauber noch länger wurden.

»Da in den ersten Jahren Fahrräder für Versorgungsfahrten erforderlich waren, brachte jeder Camper sein Fahrrad mit. Es gab ja auf dem Zeltplatz Prerow kein Wasser. Das Wasser mußte aus dem Ort mit Wasserbehältern aus Gummi und dergleichen geholt werden. Zum Waschen war das Wasser der Ostsee da, oftmals auch zum Kochen von Pellkartoffeln. Einige findige Zeltler bauten in den Folgejahren eigene Wasserversorgungsanlagen für Kochzwecke. Es wurden am Strand Löcher ausgehoben. Auf den Boden der Löcher wurden alte Töpfe mit Bodenlöchern gesetzt, die mit einer Gaze umspannt waren. Diese Töpfe füllten sich mit klarem Wasser, das zwar nicht den Geruch des Pumpenwassers hatte, aber auch nicht salzig schmeckte«, berichtet Hans P. aus Rostock anläßlich der Ausstellung »Endlich Urlaub« im Haus der Geschichte in Bonn. Wer solchen Erfindungsgeist aufbrachte, wollte auch im nächsten Jahr davon profitieren. Auch wenn eine Dauervereinbarung über mehrere Jahre für einen Campingplatz offiziell nicht möglich war, den Improvisationskünsten der Camper waren keine Grenzen gesetzt, und sie hatten den Effekt, daß die Kommunen als allgemeine Träger der Campingplätze so manche bauliche Maßnahme mit einem »Deal« verbanden. Diese »gentleman agreements« führten zu Vereinbarungen der folgenden Art: »Wir überlassen eurem Elektrobetrieb jedes Jahr zehn Stellplätze zur freien Vergabe, dafür legt ihr uns die Zeltplatzbeleuchtung; wir geben [...] dafür etc.« Improvisation war alles, und Erfindungsgabe zeichnete den echten Camper aus.

So entstanden zusehends Kolonien von Dauercampern. Das Zelt wurde von Wohnwagen Marke Eigenbau oder Wohncontainern abgelöst, die nicht selten Brüdern aus dem sozialistischen Ausland zum Platztausch angeboten wurden. Wenn diese über ähnliche Möglichkeiten wie man selbst verfügten, vereinbarte man beispielsweise, daß man im nächsten Jahr nach Polen fuhr, während die polnischen Campingfreunde zum Ausgleich in der DDR Urlaub machen konnten. Alle Dinge der täglichen Versorgung wurden eins zu eins getauscht, und so konnte man einen authentischen Campingurlaub im Bruderland verleben, ohne unter Devisenproblemen zu leiden.

Deutsches Camping ohne Mauer

Mit der Wiedervereinigung der beiden deutschen Staaten haben sich auch die Campingfreunde angenähert. Im Osten war die Freude über die errungene Reisefreiheit und das nun greifbare Angebot an Campingartikeln groß. Den Campern aus dem Westen standen neue herrliche Campinggründe offen, beispielsweise die Mecklenburgische Seenplatte, die Ostseeküste und die Sächsische Schweiz, um nur einige zu nennen.

Viele ehemalige DDR-Camper sahen nun, daß die in den VEB-Betrieben hergestellten Wohnwagen, die sie über Jahre in Prospekten bewundert hatten, im Westen unter anderen Markennamen als besonders »preisgünstig« zu erwerben waren. In den Jahren des chronischen Materialmangels wurde so manche Kopie dieser Exportmodelle in mühseliger Arbeit zusammengebastelt, aber nach der Wende schämten sich viele ihrer improvisierten Wohnkisten. Schade, denn mancher Erfindungsgeist hatte wunderbare Lösungen für den Wohnwagen Marke Eigenbau ersonnen. Ein Beispiel für das Verlorene erzählte mir ein Camper aus Neustrelitz, der mittlerweile einen »gekauften« Wohnwagen besitzt. Mit unermüdlichem Spürsinn hatte er sich im Laufe der Jahre Fahrgestell, Achse und Material für den Aufbau zusammengesucht. Diese Besorgungsfahrten brachten ihn in die entlegensten Gebiete der ehemaligen DDR. Getreu der Volksweisheit: Man kannte jemanden, der jemanden kannte, der ..., bis man schließlich sein gesuchtes Stück vor Augen hatte. Dann mußte es noch aus dem Produktionsprozeß herausgelöst und nach Hause transportiert werden. Hierfür hatten die meisten Autos in der DDR den Hamsterhaken, wie man die Anhängerkupplung liebevoll nannte. Mit Hilfe von Freunden wurden z. B. Kunststoffscheiben in einem komplizierten Prozeß im Schuppen gegossen und noch einiges mehr selbst gefertigt. Schließlich fehlte nur noch eine Lüftungsklappe fürs Wohnwagendach. Irgendwo fand sich eine Schale, wie man sie für die Entwicklung von Fotos braucht. Einmal auf den Kopf gestellt, und der Bastler erkannte, daß die Schale mit ihren schönen Ablaufkanten genau richtig war für die Luke im Wohnwagen. Der Klappmechanismus war ein Kinderspiel. Die Familie ist jahrelang in diesem Wagen gereist, auch wenn der neue bei weitem nicht so klappert.

Doch die Scham nach der Wende war groß. »Neben all den formschönen und komfortablen Wohnwagen auf dem Loreley-Campingplatz am Rhein kamen wir uns wie Flüchtlinge vor. Man beäugte uns wie Menschen von einem anderen Stern«, berichtete mir ein Camper aus Ostberlin. Er hatte sich zwei Jahre nach der Wiedervereinigung seinen langjährigen Traum erfüllt, endlich am Rhein campen zu können.

So warf man vielerorts »den alten Kram« einfach weg. Doch der Erwerb eines »neuen« Wohnwagens ist nach wie vor ein finanzieller Kraftakt für viele Ostdeutsche. Die Wohnwagen, die heute in der kleinen und mittleren Klasse angeboten werden, kosten immerhin zwischen DM 15 000,– und DM 30 000,–. Vielleicht ist dies einer der Gründe, weshalb viele neue Bundesbürger die neu erworbene Reisefreiheit erst einmal dazu genutzt haben, eine schöne und preisgünstige Pauschalreise zu unternehmen.

Und auch für die Campingbewegung in Deutschland gilt: Nur langsam wächst zusammen, was ...

Ein Campingplatzbetreiber aus Berlin Köpenick meint hierzu: »An sich hat es bei den Campern immer ›weniger‹ Grenzen gegeben als anderswo. Wir hatten oft Gäste aus dem ›Westen‹, die auf der Durchreise hier haltgemacht haben. Doch ein Segen ist es schon, daß man nun gewiß ist, daß weder ein inoffizieller Mitarbeiter der Staatssicherheit noch einer vom BND durch seine bloße Anwesenheit Grenzen ziehen kann.«

»Pack die Badehose ein« Gerüstet für Sonne, Schnee und Regen

Ein Campingurlaub will also gut vorbereitet sein. Das eingelagerte Ausrüstungsmaterial muß überprüft und die Neuanschaffungen sollten vorsichtshalber schon zu Hause ausprobiert werden, damit auf der Campingtour keine bösen Überraschungen blühen. Ist dann alles auf Vordermann gebracht, in zweckmäßige Bündel verpackt, die Gasflasche aufgetankt und der Daunenschlafsack gelüftet, gibt es nur eine Frage, die den gestandenen Camper um den Verstand bringt: »Hast du auch wirklich alles dabei, Schatz?« Eine jener Fragen, die letztendlich nicht zu beantworten sind. »Wir werden schon alles dabeihaben!« ist die gängige kraftlose Antwort. Tatsächlich läßt sich die Sache ja auch erst zufriedenstellend beantworten, wenn man wieder glücklich zu Hause ist und den ganzen Urlaub über nichts vermißt wurde.

Zu jeder neuen Saison werden in den einschlägigen Reisemagazinen Packlisten veröffentlicht, ganz so, als würde man ein wohlgehütetes Geheimnis verraten. Und weil nichts vergessen werden darf, wächst das Gepäck oft über ein verträgliches Maß hinaus. Ein altbekanntes Phänomen, das schon der französische Schriftsteller Victor Hugo (1802–1885) auf seinen Reisen durch Europa beobachtet hat: »Die mit Reisenden vollbesetzte Postkutsche war inzwischen mit Paketen und Päckchen überladen. Der Lederkoffer, den man auf das Kutschendach fliegen ließ, enthielt eine Unmenge an Kleidungsstücken und war prall wie die Weste eines Bürgermeisters.« Was mag es nur sein, daß bis heute Menschen, die auf Reisen gehen, von einer Lust des Zusammenraffens, Schnürens, Einpackens und

Verstauens befallen werden? Vielleicht ein Schwur auf die Häuslichkeit und Vertrautheit oder ein Tribut an die Gewohnheiten, derer man sich zu Hause sicher ist? Die schweren beschlagenen Lederkoffer sind zwar den aerodynamischen Plastikboxen gewichen, und auch der gräßliche Kautschuk-Nachttopf einer reisenden Fürstin aus dem vergangenen Jahrhundert hat sich heutzutage zu einem chemischen Designtopf mit seitenlanger Gebrauchsanweisung fortentwickelt. Vielleicht nehmen die Berge an Reisegepäck zu Beginn einer jeden Urlaubsreise, trotz aller Erfahrungen aus dem vorherigen Jahr, gerade wegen den ständigen technischen Neuerungen nicht ab. Reiseratgeber des 18. Jahrhunderts empfahlen, für alle Eventualitäten gerüstet zu sein, besonders, wenn die Reise fernab der großen Straßen führen sollte. Neben Reisetruhen empfahl man besondere Kleiderkoffer, Hutschachteln, Liegen oder Liegesofas, Schlafsäcke, Kissen, Wolldecken, Bettücher, Moskitonetze und, damit sich die Häuslichkeit nicht in einem einsamen Bergtal verliert, Tischdecken und Mundtücher. In so gut wie keinem Reisebericht findet sich ein Hinweis darauf, was alles mitgeschleppt und *nicht* gebraucht wurde. Spannend wird es immer dann, wenn von fehlenden Dingen die Rede ist. Die geschilderten Besorgungen und Improvisationen werden zu Abenteuern, die nicht selten zu wahren Heldentaten heranwachsen.

Immerhin: Eines scheint so gut wie nie vergessen zu werden, und dieses Kleinod des Intimen scheint den Kern eines jeden Reisegepäcks auszumachen. Was heutzutage leger als Kulturbeutel bezeichnet wird, war jahrhundertelang als »nécessaire de voyage« bekannt. In kunstvoll gestalteten Holzkästchen bewahrte man nicht nur Zahnpulver, Kosmetika und Arzneien auf, sondern in verborgenen Fächern manchmal auch Liebesbriefe, die dem Adressaten bei der morgendlichen Lektüre vor dem kleinen Spiegel wahrscheinlich so manche Hautfalte der Nacht geglättet haben. Geheimfächer finden sich leider in den praktischen Kulturbeuteln der Gegenwart keine mehr, dafür die industriell gefertigte Antifaltencreme.

Der Studiengang an der altehrwürdigen Universität zu Göttingen, die »Kunst, seine Reisen wohl einzurichten« aus dem Jahre 1749, wird heute nicht mehr gehalten. Wollte man ihn wieder einführen, der Camper, der folgenden Bericht in der Zeitschrift *Camping* zum besten gab, wird wohl über eine Anmeldung für die ganze Familie nachdenken.

»Wenn Du zur Zelttour rüstest, dann bedenke, daß Dein Kraftfahrzeug kein Möbelwagen ist. Das Zelt mit all seinen Zubehörteilen, den Zeltstan-

Aus- oder einpacken? Das ist die Frage.

gen, den Heringen und dem Überdach muß natürlich mit und dazu auch die Gummimatratze mit den nötigen Decken und Kissen. Das Packen von Zelttisch und Stühlchen ist dann schon schwieriger, denn der große Koffer mit den guten Kleidern hat sich breitgemacht. Oben auf dem Kleiderschrank war er gar nicht so groß. Und jetzt sollte doch eigentlich der Picknickkoffer noch oben drauf Platz finden. Was da nicht alles drinsteckt: Geschirr und Besteck, Kocher, Salz und Pfeffer, Suppenwürfel und Zündhölzer, Kaffeesieb und Teebüchse; der Picknickkoffer muß mit, und die Trainingsanzüge und Sonnenhosen müssen noch oben drauf, da hilft nichts. Die Sonnenbrillen und die Taschenlampe, ach, den Kleinkram bringen wir leicht unter. Die Strandschuhe kommen unter den Sitz, und die Landkarte wandert in die Seitentasche zu den Zigaretten. Ach so, die Tourenapotheke ist noch da und der Wassersack und der Regenschirm, das Ding, das immer so unsportlich aussieht und dabei gar nicht so unpraktisch ist. Was jetzt kommt, ist ganz einfach; das Nähzeug tun wir mit der Kleiderbürste und dem Sonnenöl zum Schuhputzzeug, wo ja auch der Dosenöffner steckt, und das hat alles neben dem Waschzeug Platz. Ordnung muß sein beim Camping, sonst findet man ja nichts. Aber das dicke Ding da, o je, das ist die Marschverpflegung; wenn nur diesmal der Zucker nicht wieder ausläuft. Und diese Flaschen ... nein, das ist nicht das Salatöl, aber die brauche ich. Vergeßt die Rollen nicht ... ja, die blaßblaue Papierrolle und den WC-Spaten, und merke Dir auch, wohin Du sie verstaust. Dann sind wir komplett, den Liegestuhl und die große Waschschüssel brauchen wir vielleicht doch nicht ... Wenn Du soweit bist, dann singe ›pack die Badehose ein‹ und lege den Bademantel oben drauf. Wenn es dann während der Fahrt warm wird, kommt die Jacke auch hier noch hin, und wenn für den guten Reisehut dann wirklich kein Platz mehr ist, dann ist ein Entschluß gereift: im nächsten Jahr kaufen wir uns ein größeres Auto.«

Was da wohl hineinpaßt!

Das Zelt und die Vielfalt

Solange sich Menschen auf den Weg machen, fremde Gegenden zu erkunden, ihre Herden zu neuen Weideplätzen zu führen oder nur Ruhe und Erholung in der Nähe der Natur suchen: das Zelt ist und bleibt ein unverzichtbarer Begleiter. Dieses provisorische Haus des Umherziehens hat nichts von seinem Reiz verloren. Heute werden Zelte meist beim Camping, auf Expeditionen und beim Militär verwendet. Für besondere Zwecke gibt es Großzelte für den Zirkus, den Jahrmarkt und andere größere Veranstaltungen, die von einem Ort zum anderen wechseln.

Das Zelt als leicht auf- und abbaubare und transportierbare Behelfsunterkunft hat eine lange Geschichte. Es gibt keinen Zweifel, daß es kulturhistorisch mindestens ebenso alt oder sogar älter ist als das feste Haus.

Eine Spur zu den Anfängen des Zeltes führt nach Ahrensburg in der Nähe von Hamburg. Vor rund 15 000 Jahren endeten in dieser Gegend die Ausläufer der letzten Eiszeit. Einige Bevölkerungsgruppen waren nicht nach Süden ausgewichen, sondern hielten sich am Rande des Eises auf. Mit dem Rückzug des Eises erweiterten die Jäger wieder ihre Jagdgründe. Während dieser Zeit hausten sie in Zelten, denn es fehlte in dieser Region an natürlichem Schutz wie Höhlen oder Wälder. Hier in Ahrensburg fand man die ersten nachweisbaren Zelte der Frühgeschichte. Als Material benutzte man Tierfelle. In ihm hielt sich meist die ganze Sippe während der Kälteperiode auf.

Die Jagd- und Hirtenvölker sind schon immer auf Zelte angewiesen gewesen. Und die Nomadenvölker zeugen von der Zeitlosigkeit des Zeltes, das schon in mesopotamischen Keilschriften als »Haus der Steppe« bezeichnet wird. Die Araber nennen es »Haus aus Haaren«. Ort und Material stehen Pate bei der Namensgebung.

Ein Zelt bedeutet oft ein Provisorium, gerade für diejenigen, die sich kein festes Haus leisten konnten. In manchen sumerischen Epen klingt Mitleid mit denen an, die kein Haus haben, sondern nur ein Zelt. Diesen, die mit und zwischen den Tieren leben, schenkt Enki, der barmherzige Gott der Weisheit und des Wassers, ein Zeltdach. Und in einem anderen Epos macht man sich Gedanken, ob derjenige, der kein festes Haus hat, auch kein ewiges Haus finden und irgendwo in der Wüste verscharrt oder den Steppentieren zum Fraß vorgeworfen wird.

Als das Alte Testament niedergeschrieben wurde, lebten die meisten Israeliten schon in Häusern. Das Zelt war ein Requisit für Reisende, Krieger und jene Bauern, die neben ihren Feldern schliefen. Für die Dichter und Poeten blieb das Zelt etwas Besonderes. In vielen poetischen Geschichten wurde das archaische Zelt zum Gegenstand ihrer Liebe und Verehrung gemacht. Und im Alten Testament heißt es über den Schöpfer:

Du bist mit Pracht und Hoheit bekleidet.
Du hüllst dich in Licht wie ein Kleid,
du spannst den Himmel aus wie ein Zelt.
Psalm 104, 1–2

Vielleicht mag auch das Treiben der weißen Wolken manchen Gläubigen in der Vorstellung bestärkt haben, daß der himmlische Hirte in einem Zelt wohnte. Und Gott selbst hatte als irdische Zweitwohnung ein auf- und abbaufähiges Prachtzelt, das die Israeliten bei ihren Wüstenwanderungen mit sich führten. In ihren Schriften ist es die Stiftshütte, doch seit Luther ist das gebräuchliche Wort dafür das Bundeszelt. Darin wurde die Bundeslade aufbewahrt.

In der Zeit der großen umherziehenden Sippen und Stämme spielte das Stammzelt, das »beth-ab« oder Vaterhaus, eine große Rolle. Meist siedelten die Familien in genormten Zelten um das »beth-ab« herum, manchmal über ganze Landstriche. Die Gesellschaftsordnung dieser Zeit gliedert sich nach Stämmen, Geschlechtern und Zeltgemeinschaften. Ein Zeltdorf wurde meist von einer Sippe bewohnt. Ein Stamm, der bis zu 50 000 Angehörige zählen konnte, erstreckte sich über mehrere Zeltdörfer im umliegenden Land. Eine patriarchalische Großfamilie konnte bis zu 400 Köpfe umfassen. Von Abraham wird berichtet, daß er über 318 Sklaven verfügte, die in der zweiten Generation bei ihm dienten, also unter seinem Zeltdach geboren wurden (1. Mose 14,14). Zählt man die ganze Sippe zusammen, kommt man auf 1000 und mehr Menschen, die in bis zu 120 Zelten gelebt haben sollen.

Ein Vergleich, angestellt von einem Kenner des palästinensischen Volkslebens, Hermann Gustaf Dalman, gibt uns einen Eindruck von dem, was ein Zelt bis in unsere Zeit hinein an traditionellen Grundlagen bergen kann. So zum Beispiel das Zelt des Oberscheichs Saliman von Beerseba, das einen Grundriß von 2 × 6 m hat und bei festlichen Anlässen auf 40 × 10 m erweitert werden kann. Das Scheichzelt zu Helesa mißt 15 × 2,50 m und wird auch vom Harem bewohnt. Bescheidener lebt der Scheich von Mekaber, sein Zelt ist 5,50 × 2,50 m groß, verfügt aber über einen Raum für die Männer, über zwei Frauenabteile und einen Eckplatz für die Bediensteten.

In erster Linie ist das Zelt Wohnstätte. Hausarbeiten werden meist vor der Türe erledigt, soweit es das Klima erlaubt. Der Auf- und Abbau eines Zeltes ist geprägt von einer jahrtausendelang bewährten Praxis. Bei den Beduinen ist solch ein Zeltaufbau in 30 bis 60 Minuten erledigt. Und so geht es vor sich: Die Zeltdecke, die aus zwei, drei großen Bahnen gewebter Ziegenhaare besteht, wird auf den vorher planierten Boden gelegt, die Schmalseite in Nord-Süd-, die Breitseite in Ost-West-Richtung. Das Zelt des Scheichs steht immer mit der Türöffnung nach Westen hin, denn Gäste und Feinde kommen immer aus dieser Richtung. Es gilt sogar als verwerflich für einen reichen Mann, sein Zelt nach der östlichen Seite hin aufzuschlagen. Das Wissen um die Wüstenwinde spielt hierbei eine große Rolle. Rund um die Decke werden Pflöcke in den Boden geschlagen, an die die Zeltbahnen angeseilt werden. Alle Familienmitglieder stehen bereit, die ca. 2,50 m hohe Holzstange aufzurichten. Die Seitenstützhölzer sind etwa 1,50 m hoch. Dann werden die Seile von den Gabelhölzern zu den Pflöcken gespannt, bis die Decke ganz straff sitzt. Von weitem erkennt ein Beduine, wer da sein Zelt aufgeschlagen hat, denn die Zahl der Zeltpfähle signalisiert den Rang des Bewohners. Die Beduinen nennen ihre Zeltpfähle »amudim«, so wie sie schon in der Bibel genannt wurden.

Die Innenausstattung der Beduinenzelte ist auf geschickte Art und Weise flexibel. Jedes Zelt hat mehrere Trennwände, die aus Matten oder

Vorhängen bestehen. Der Raum der Männer liegt meist rechts vom Eingang und ist auch der Empfangsraum. Hier befindet sich auch die Feuerstelle, um die eine Sitzgruppe angeordnet ist. Im Abteil der Frauen befinden sich die Schlafstätten und die Vorräte. In diesen Teil des Lagers darf kein Fremder eintreten. Die Schlafstätten sind auf einer Empore aus Lehm oder Stein mit Matten oder Teppichen eingerichtet. Verfügt ein Mann über mehrere Frauen, ist das Abteil neben seiner Schlafstätte immer für die Lieblingsfrau reserviert. Die Sklavin schläft bei den Küchenutensilien, die im äußersten Schrägdach des Zeltes untergebracht sind. Es gab aber auch besondere Frauenzelte, berichtet die Bibel.

Ein Irrtum sei an dieser Stelle aufgeklärt: Oft wird angenommen, daß gerade die Beduinen mit ihren Zelten von einem Ort zum anderen ständig unterwegs sind. Das Gegenteil ist der Fall, die Beduinen lagern an bestimmten Plätzen, und nur die Jahreszeit oder eine Gefahr läßt sie zwischen den angestammten Lagerplätzen wechseln. Im heißen Sommer zieht man höher ins Gebirge und in der kälteren Jahreszeit weiter hinein in die Wüste.

Daß die Beduinen schon immer feste Häuser verachteten, wird in der folgenden Geschichte aus dem Jahre 1858, die der Franzose Ferdinand Hugonnet erzählt, deutlich: »Die Franzosen wollten die algerischen Beduinen zur Seßhaftigkeit veranlassen. Sie erbauten für die Scheichs feste, steinerne Wohnhäuser. Als nun ein französischer Offizier einen Scheich fragte, ob er sich im neuen Haus wohl fühle, antwortete der Beduinenscheich, daß er ganz entzückt sei und daß ihm, seit das Haus fertig sei, kein Schaf mehr abhanden gekommen ist. Der Scheich läßt die Schafe am Abend in das Haus sperren und in der Frühe wieder ins Freie. Die zaghafte Nachfrage des Offiziers, wo denn der Scheich bliebe, beantwortet dieser lächelnd damit, daß ein Mann wie er, ein Mann von Geblüt, nur unter einem Kamelhaarzelt wohnen kann.« Man fühlt sich an manche Camper erinnert, die immer wieder gefragt werden, ob sie nicht lieber in einem Hotel übernachten wollen, ganz so, als würden sie zum Zelten gezwungen.

Der algerische Scheich konnte sich wahrscheinlich auch nicht vorstellen, daß ein Haus so gut belüftet werden kann wie die großen schwarzen Beduinenzelte, bei denen man nach Bedarf ringsum eine breite Öffnung läßt, damit Luft durchziehen kann. Diese Öffnungen sind wiederum geschützt durch einen Zaun aus Binsen oder anderem Strauchwerk, der auch vor wilden Tieren schützen sollte. Die Lager der Beduinen werden auch immer in einiger Entfernung zu den Wasserlöchern aufgeschlagen, da sich dort häufig Raubtiere aufhalten, um zu trinken.

Die Sicherheit der Zeltlager wurde bei den Nomaden dadurch garantiert, daß sich die Familien zur Sippengemeinschaft zusammentaten. Im Falle einer kriegerischen Drohung fand man zu einer »mahane« zusammen, was soviel bedeutet wie: »Sammelplatz mehrerer Zeltgenossenschaften zu einem Heerlager«. Für die Dauer der »mahane« wurde ein Oberkommandierender gewählt, in dessen Zelt die Hirtenstöcke (Zepter) der Nomadenfürsten für die Dauer der Auseinandersetzung untergebracht wurden. In seinem Zelt fand sich auch das Palladium, das Kult- und Schutzschild, das von allen angebetet wurde. Wenn dieses Zelt erobert wurde, war die Schlacht zu Ende.

Der Archäologe Max von Oppenheim (1860–1946), ein anerkannter Erforscher des Nomadenlebens, erzählt:

»Die Herrschaft über die Sippen besitzt jener Mann, in dessen Zelt die Standarten des Stammes aufbewahrt sind. Bei Blutfehden oder Kriegen müssen sich mehrere Nomadenstämme zusammenschließen und einen Führer des Heerbanns wählen. Das Wüstengesetz verlangt, daß alle Fürsten, die an der Wahl beteiligt sind, ihre Hirtenstöcke und Standarten in das Zelt des Gewählten stellen. Solange die Standarten aus den Sippenzelten entfernt sind, sind die Fürsten entmachtet und ihre Gewalt geht auf den Heerführer über.«

Eines der sagenhaftesten Heerlager errichteten die Türken 1529 bei der Belagerung von Wien. Es war so angelegt, daß es einen riesigen islamischen Halbmond zeigte. Die 30 000 Zelte wurden überragt von dem des Sultans und des Großwesirs, die grüngefärbt und goldgestreift waren. Große Klumpen aus Gold bekrönten die Zeltmaste. Im Zeltinneren fand man Teppiche, Kissen und Diwane, viele mit Juwelen besetzt. Das Banner des Propheten tief im Inneren war umgeben von Bädern, Springbrunnen und Blumengärten. Am Eingang des fürstlichen Zeltes hielten fünfhundert Bogenschützen Wache, um sie herum schwarze Eunuchen, die nach dem Feldharem unterwegs waren, oder Infanteristen, die die Militärküchen, die türkischen Bäder oder Schlafräume aufsuchten.

Vieles über die Historie der Zelte wüßten wir nicht, wenn der italienische Archäologe Guiseppe Fiorelli (1823–1896) bei seinen Ausgrabungen in Pompeji nicht die geniale Methode erfunden hätte, Hohlräume mit Gips auszugießen, damit man anhand der Formen rekonstruieren kann, was im Moment der Erstarrung geschah. So kann man auch die Bauweise antiker Zelte rekonstruieren. Der Hohlraum verrät, daß das Baumaterial der antiken Nomaden ausschließlich aus Holzpfosten und Zelttuch bestanden hat. Anhand der Gipsabdrücke läßt sich erkennen, wie groß und in welcher Art die Zelte gebaut waren, ist doch das Holz verrottet und hat Hohlräume hinterlassen. Ein gesichertes Ergebnis ist, daß das prähistorische Nomadenzelt dem sehr viel jüngeren Fellzelt der Indianer entspricht. Aus der späten Jungsteinzeit wurden grob gewebte Zelttuchfragmente aus Ziegenhaar gefunden, die auf horizontalen Webstühlen entstanden sein müssen. Ziegenwolle ist besonders geeignet für Zeltbahnen, porös filtert es im Sommer die starken Sonnenstrahlen, im Winter zieht es sich zusammen und hält den Regen ab.

Neben dem Beduinenzelt lohnt es sich noch, einige andere Vorgänger in anderen Weltteilen genauer zu betrachten. Die asiatischen Nomadenstämme wohnen seit Urzeiten in einem runden, mit Filzdecken belegten Zelt, der Jurte. Sie hat ein Gitterwerk aus Holz, über das die Filzbahnen befestigt werden, und ein kegelförmiges, ziemlich flaches Dach. In der Mitte dieses Daches gibt es ein Rauchloch, das am Abend zugestopft wird, wenn das Feuer erloschen ist. Die Seitenwände sind um die 2 m hoch, der Durchmesser der runden Jurte beträgt 7 bis 9 m. Die einzige Tür wird mit Filzdecken verschlossen. Innen werden an den Zeltwänden entlang die zahllosen Wolldecken und Teppiche aufgeschichtet, die für die Nacht ausgebreitet werden. Oft leuchten diese Jurten innen in vielen Farben und sind mit allerlei Zierat versehen. Die Filzdecken werden aus Kamel und Pferdehaar gefertigt. Ihr Vorteil liegt darin, daß der Filz viel Wasser aufsaugen kann und die Wärme hält. Neben dem Schutz, den die Jurte bei jeder Witterung bietet, hat sie den Vorteil, daß sie sich leicht auf- und abbauen läßt. Geschickte Hände schaffen es, die Jurte innerhalb von 20 Minuten abzubauen und damit ein Kamel zu beladen, das eine Last von ca. 200 kg für eine kurze Strecke tragen kann. Bei den Turkmenen, die in den Steppen östlich des Kaspischen Meeres leben, gibt es zwei Arten von Jurten: das »Kara Oy«, ein schwarzes, von der Zeit gebräuntes Zelt, und das »Ak Oy«, welches von innen mit schneeweißem Filz bespannt ist und meist für Neuvermählte oder Ehrengäste aufgeschlagen wird. Die Aufrichtung eines neuen Zeltes ist ein Fest. Freunde und Nachbarn werden gebeten, das Gitterwerk aufzustellen. Sobald dieses steht, schafft man den

Hausrat hinein. Hiernach werden die Filzplatten aufgelegt, erst dann treten die Freunde ein und bewundern die Vorräte.

Der Ungar Hermann Vámbéry berichtet von seiner Reise im Jahre 1873, daß die Filzjurten bei ihm einen vorzüglichen Eindruck hinterlassen haben. Im Sommer ist es angenehm kühl und im Winter warm. Auch sei der Schutz bei wilden Orkanböen bestens. »Dem Fremden wird es oft bange, daß die Gewalt der Elemente die fingerdicken Wände der Wohnung in tausend Stücke zerreißen möge, doch den Türkmenen kümmert dies wenig; er befestigt die Stricke und schläft süß, denn ihm klingt das Heulen des Sturmes wie ein sanftes Wiegenlied.«

Bei unserer kleinen Reise zu den Urtypen des Zeltes darf natürlich das Tipi der Prärieindianer Nordamerikas nicht fehlen. Dieses praktische Nomadenzelt erfreut sich bis heute einer großen Beliebtheit, was so weit geht, daß man sogar im Internet Bauanleitungen dafür finden kann. Ursprünglich wurde das Tipi von den nordamerikanischen Stämmen, die zwischen den Rocky Mountains und dem Mississippi und in Kanada umherzogen, gebraucht. Den Indianerstämmen war es auf vielerlei Art eine ideale Behausung. Das kegelförmige Tipi besteht aus drei Hauptstangen, die am oberen Ende zusammengebunden und dann durch weitere Holzstangen ergänzt werden. Die genaue Stellung der Stangen wird reguliert, wenn die Plane aufgelegt wird. Damit der Rauch abziehen kann, gibt es Ventilationsflügel. Es war Aufgabe der Frauen, die Bisonhäute vorzubereiten. Das Zuschneiden der Häute nach Plan wurde von erfahrenen Frauen besorgt, die hochgeschätzt wurden.

Two White Buffalo war eine solche Frau und wurde häufig eingeladen, das Schnittmuster der Tipiplane zu begutachten. Zuerst wurde gegessen, und dann bat man sie, die Rauchklappen anzunähen. »Wenn schlechte Frauen das Nähen besorgen, fällt Rauch in das Tipi zurück.«

Um die aufgestellten Stangen wurden zuerst fünf zusammengenähte Häute angebracht, weitere fünf lagen für den anderen Teil bereit. Gab es Lücken, so wurden die vorher von den Fellen abgeschnittenen Beine zum Ausflicken benutzt. Das »Fünf-Bahn-Tipi« wird deshalb so bezeichnet, weil fünf nebeneinander genähte Häute eine Hälfte des unteren Teils bildeten. Ein solches Tipi hat am Boden einen Durchmesser von rund vier Metern. Das Türloch wurde ausgeschnitten und das Deckstück aus Haut, das U-förmig auf einen Weidenrahmen gespannt ist, angebracht. Zuletzt wurden dann die Rauchklappen angenäht. Um zehn bis zwölf Häute zusammenzunähen, brauchten drei Frauen etwa vier Tage. Nun wurde das neue Tipi noch mit allerlei Schmuck versehen: gefärbte Stachelschweinborsten, geflochtene Lederriemen, Pferdeschwänze, Perlen. Innen wurden noch Tautücher befestigt, sie bilden einen isolierenden Hohlraum, der den Wärmeverlust im Winter verringert und das Zelt im Sommer kühl hält. Es herrschte auch der Brauch, daß der Besitzer Männer einlud, um die Innenbahnen mit Darstellungen ihrer Heldentaten zu bemalen. Eine gute Gelegenheit der Selbstdarstellung, und meist bekam man noch ein freies Essen dazu.

Das Tipi ist dem nomadischen Leben der Prärieindianer vollkommen angepaßt. Es ist geräumig, immer gut belüftet, durch seine Form beständig gegen starke Winde und heftige Wolkenbrüche. Die Feuerstelle in der Mitte sorgt für Wärme im strengsten Winter. In weniger als 15 Minuten konnte ein Tipi abgebaut, verpackt und samt Einrichtung auf ein Pferd geladen werden, um den schnell wandernden Bisonherden zu folgen, und innerhalb von zwei Stunden war so ein Tipi von zwei geschickten Frauen wieder aufgebaut und eingerichtet.

Das Tipi gehörte theoretisch der Frau: es war ihr Eigentum und unterstand ihrer Aufsicht. Verschiedene Teile tragen daher weibliche Namen. So heißen die Klappen z. B. »Frauenarme«. Die Größe des Tipis hing von der Fähigkeit des Mannes ab, Felle zu beschaffen, sowie vom Geschick der Frau, sie zu verarbeiten. Durch Rituale und zeremonielle Handlungen wurde das Tipi im Laufe der Zeit zusehends reicher geschmückt. Diese bunten und geheimnisvollen Zeichen sind es auch, die Kinder und Erwachsene gleichermaßen bis auf den heutigen Tag faszinieren. Auf einer Homepage im Internet lesen wir über das Tipi:

»Richtig gebaut und aufgestellt, in der echten indianischen Weise beheizt, genügt das Tipi allen Anforderungen für ein gutes Heim, es bietet Sicherheit, Komfort, Privatleben – sogar Luxus. Kurz: andere Zelte werden hergestellt, um verkauft zu werden. Das Tipi wurde gemacht, um darin zu leben.«

Während sich die Materialien für die Tipis, die Jurten und die Wüstenzelte der Beduinen immer aus den Naturgegebenheiten und Nahrungsketten der Lebensräume ergaben, sind die Zelte der Camper, die es in ihrer Freizeit nutzen, meist aus industriellen Mischgeweben gefertigt. Baumwolle, Baumwollmischgewebe, Nylon, Ripstop-Nylon, Polyester und Gore-Tex sind die Materialien für die heutigen Zelte. Jedes hat seinen

Vor- und Nachteil, so brennt Nylon nicht so leicht wie Polyester, dafür dehnt sich Polyester bei Regen nicht und ist UV-beständig. Ripstop-Nylon versucht die Nachteile des einfachen Nylon aufzuheben, indem es mit verstärkten Fäden durchwebt wird, um reißfester zu sein. Wenn es mal zu einem Riß kommen sollte, geht dieser nur bis zum nächsten verstärkten Faden und kann leicht repariert werden. Gore-Tex, oft als Wundergewebe gefeiert, ist ein wasserdichtes und atmungsaktives Material. Jedoch muß beachtet werden, daß die Atmungsaktivität erst bei merklichen Temperaturunterschieden zwischen innen und außen einsetzt.

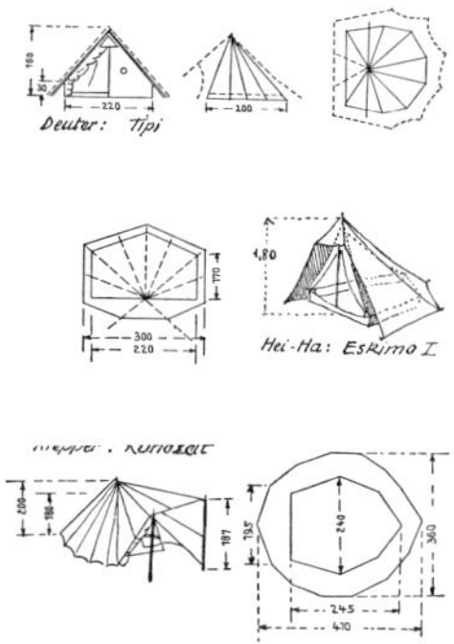

Zelttypen

Die große Campingwelle, die Deutschland Ende der sechziger, Anfang der siebziger Jahre überrollte, hat eine erfindungsreiche Industrie auf den Plan gerufen, die mit der derzeit boomenden Outdoor- und Trekking-Bewegung zu vergleichen ist. Ob nun die typische Mittelstandsfamilie aus Gelsenkirchen mit ihrem großen komfortablen Hauszelt an der Riviera zeigt, wie man zu Hause lebt, oder der besessene Hobbyabenteurer, der den Yaks im tibetanischen Hochland mit den knalligen Farben seines Superzeltes imponiert, entscheidend ist, daß der Camper weiß, zu welchem Zweck er sein Zelt nutzen will. Ganz gleich zu welchem Anlaß man ein Zelt benötigt, drei alte Regeln spielen immer eine Rolle: geringes Gewicht, kleines Packvolumen und lange Haltbarkeit.

Im Nachkriegsdeutschland wurden die Ideen und Eigenkonstruktionen der Kanufahrer und Wanderer der Vorkriegszeit von der Industrie als Vorbilder für ihre Produktion genutzt. Neugierig schaute man auch auf die Modelle der Ursprungsländer des Campings, vor allem auf England, und versuchte immer bessere und attraktivere Modellvarianten auf den Markt zu bringen. Von den einfachen Zeltbahnenkonstruktionen – Militärzeltbahnen konnte man billig bei den Alliierten erstehen –, über die kleinen Zweimann-Giebelzelte, bis hin zum luxuriösen Steilwand-Hauszelt, das Angebot ließ bald keinen Wunsch mehr offen. Der Slogan »Zelte in allen Formen, Größen und Farben« ließ den Camper neugierig in den Katalogen blättern, um sein Idealzelt zu finden. Vor ihm tat sich ein regelrechter Wald von Zelten auf, der dann in der Urlaubszeit auf den Campingplätzen Europas Wirklichkeit wurde. Leitstern bei allen Entwicklungen war wachsender Komfort. Aber so manche angepriesene Notwendigkeit stellte sich im nachhinein als verspielter und lästiger Luxus heraus.

Man wollte den campinghungrigen Deutschen neben Farbenvielfalt und Komfort auch gute Qualität verkaufen. Aber nur ein Camper, der sich

Ferienzelt »Adria«

die eigene jahrelange Erfahrung oder die anderer zunutze macht, kann schlußendlich beurteilen, was Qualität ist. So kann z. B. ein Expeditionszelt im Urlaub zu einem umständlichen Abenteuer werden. Wer ein Zelt für das Wintercamping kauft, achtet auf gute Isolierung, Sturmstabilität und auf die Form, damit der Schnee nicht auf dem Zelt liegenbleibt. Ein Winterzelt sollte genügend Raum haben, denn um diese Jahreszeit bleibt man nicht gerne lange im Kalten. Auf First- und Pyramidenzelten bleibt zwar der Schnee nicht liegen, aber der Innenraum ist beschränkt. Doch die hartgesottenen Wintercamper wissen meist genau, was sie wollen: sie gehören ja zur Profigruppe der Camper.

Für alle anderen gilt: Wenn man auf die folgenden Punkte achtet, so bleibt einem viel erspart. Einwandige Zelte, die kein besonderes Innenzelt bieten, müssen einen wasserdichten Außenstoff haben. Der Nachteil: sie sind nicht atmungsaktiv, und das Kondenswasser macht sich unerfreulich bemerkbar. Die leichten einwandigen Zelte, die auch wenig Packraum brauchen, lassen sich schnell aufbauen, haben aber meist wenig Stauraum, da die Apsis fehlt. Diese halbrunde Nische findet sich dafür in jedem Doppeldachzelt, um das Gepäck zu verstauen. Doppeldachzelte bestehen aus einem wasserdichten Außenzelt und einem atmungsaktiven Innenzelt. Bei richtigem Aufbau ist für eine gute Luftzirkulation gesorgt, und das Problem des Kondenswassers ist auf ein Minimum reduziert. Wenn das Außenzelt dann noch Lüftungsklappen hat, stört der Regen den Zeltbewohner nicht sonderlich. Das Innenzelt sollte viel Bewegungsraum bieten, gut belüftet sein und mit hilfreichen Extras, wie Haken oder Ablagenetzen, ausgestattet sein. Der Eingang wie die Luftklappen sollten, wenn es in wärmere Gegenden geht, mit einem Moskitonetz versehen sein. Diese Vorrichtung erspart so manchen schlaftrunkenen Rundumschlag ins Leere. Den Schlaufen für die Abspannung ist besondere Beachtung zu schenken: schlecht positionierte Schlaufen erkennt man daran, daß sie im unteren Bereich genügend Abstand von Innen- und Außenzelt herstellen, sich aber nach oben hin verjüngen. Desto mehr Abspannungen vorgesehen sind, desto besser: Sie stabilisieren und garantieren auch unter schlechtesten Verhältnissen den Zwischenraum zum Innenzelt.

Auch entscheiden die Formen der Zelte mit über ihre Funktion. Das Biwakzelt ist mit ein oder zwei Gestängebögen das einfachste Modell und bietet Platz für nur eine Person. Es hat kaum Gewicht und läßt sich mit seinem kleinen Packmaß leicht verstauen. Ein ideales Expeditionszelt für den einsamen Abenteurer.

Die Zeltform, die uns am vertrautesten ist, ist das Firstzelt, das wie ein Dachgiebel aussieht. Die einfache Konstruktion mit zwei senkrechten Stangen, die sich bei Verlust leicht ersetzen lassen, ist aerodynamisch günstig geschnitten und von daher windstabil. Nachteil ist, daß das Firstzelt schwierig aufzubauen ist und wenig Kopfraum bietet. Das Firstzelt wird immer mehr von den Kuppel- und Tunnelzelten verdrängt, weil diese sich einfacher aufbauen lassen. Das Einbogenzelt hat nur einen Gestängebogen, der nach beiden Seiten abgespannt wird. Es hat sich bei Expeditionen in den Tropen und Wüsten bewährt, weil es leicht und windschnittig ist. Allerdings hat es eine geringe Kopffreiheit. Die immer populärer werdenden Kuppelzelte fallen durch ihre raffinierten selbsttragenden Konstruktionen auf. Die kreuzenden, flexiblen und zerlegbaren Gestängebögen garantieren eine Modellvielfalt, die auch eine größere Apsis möglich machen.

Trotz aller Modellvielfalt: Das Zelt kann nicht neu erfunden werden. Die Innovation liegt in der Materialentwicklung, während die Formen sich wiederholen. Das Zelt bleibt auch in Zukunft das leichte provisorische transportable Haus, das es seit Urzeiten ist.

DDR-Zeltmodelle »Merkur« und »Neptun«

Gute Nacht, gute Nacht: Ein Plädoyer fürs Faulenzen

Camping, das ist vor allen Dingen Erholung, mag schweigen, wer da anderes denkt. Und die Frage: »Ja, was machen Sie denn den ganzen lieben langen Tag auf dem Campingplatz?« beantwortet beispielsweise Günther Elb, der ausgewiesene Experte und Autor des Campingbuches *Camping – aber richtig*, so:

»Ich möchte hiermit ein für allemal feststellen und festhalten, daß ich auf dem Campingplatz den ganzen Tag nach Möglichkeit nichts tue. In diesem Nichts-Tun, in diesem Dolce-far-niente, liegt nämlich letzten Endes der Sinn des Campens überhaupt. Wir, die wir mit dem Arbeitseifer als National-Leidenschaft gesegnet sind, die wir für die ›deutsche Wunderpflanze Wirtschaftswunder‹ mit der Managerkrankheit, der Gastritis und dem Nervenzucken bezahlen, wir müssen nämlich in jedem Urlaub das Nichtstun erneut lernen.

So lächerlich es klingt: wir alle brauchen mindestens acht Tage, um zu begreifen, daß der Mensch nicht nur zum Arbeiten da ist. Die meisten Camper verbringen ihre erste Camping-Urlaubswoche damit, ihren hektischen Beschäftigungstrieb zu bekämpfen. Erst wenn man zu begreifen beginnt, daß schon einfaches Da-Sein unser Dasein sinnvoll macht, hat man begonnen, in Urlaub zu sein.

Es gibt eine Anzahl von untrüglichen Kennzeichen, den Camper zu erkennen, der diesen erstrebenswerten Zustand (der Hotelgast erreicht ihn nur selten) erklommen hat: den langsamen Gang, unterbrochen vom öfteren Stehenbleiben, die gewisse Schläfrigkeit, die nie ganz aus den Gesichts-

Die Kunst des Liegens

zügen weicht, das tiefe gleichmäßige Braun seiner Haut, die rein sachliche, niemals aber unhöfliche Neugier, die er jedem Menschen, Wesen oder Ding entgegenzubringen bereit ist, die aufreizende Ruhe, mit der er alle Dinge erledigt.

Wenn Du aufgehört hast, dauernd auf die Uhr zu sehen, wenn Dir die Zeitungen, Magazine und Bücher gleichgültig geworden sind, wenn Du Dich freust, keine Post Zuhause zu haben, wenn die Unarten Deiner oder Deines Nachbarn Kinder Dich zu unbändigem Gelächter reizen, wenn Du anfängst, Deine Fuß- und Fingernägel mit Hingabe zu feilen oder zu polieren, wenn Dir der Gang zum Häuschen als persönliche Kränkung und das Waschen mit Seife und Waschlappen Dir als überflüssige Kultur-Erkrankung erscheint – dann bist auch Du jenem Zustand nahe, der die wahren Philosophen auszeichnet und den Diogenes in der Tonne so meisterhaft beherrschte.

Ich meine den Zustand der grenzenlosen Faulheit.«

Um diesen Zustand zu erreichen, wird auch Camper Elb einige Vorbereitungen getroffen haben. Wolldecken, Schlafsäcke, Campingstühle und Liegen wird er weitflächig verteilt haben, um augenblicklich und überall in ein gemütliches Schläfchen fallen zu können. Natürlich sollen Sie ihren Urlaub nicht verschlafen – auch nicht auf dem Campingplatz, aber viel Schlaf trägt entscheidend zur Erholung bei. Und was könnte gemütlicher sein und gleichzeitig mehr Freiheit versprechen, als sein Bett vor Ort zu haben. Die Gefahr, in einem allzu weichen Hotelbett zu versinken und mit verrenkten Gliedern gerädert aufzuwachen, besteht nicht. Mögen Campingverächter auch nicht müde werden, Geschichten von rheuma- und unwettergeplagten Campern zu erfinden, die sie reumütig in einer Hotelhalle gesehen haben wollen. Sie vergessen ganz, daß der Campingurlauber ja gerade derjenige ist, der die Natur direkt am eigenen Leib spüren will. Und daß die Natur nicht immer segensreich zu einem gemütlichen Schläfchen im Freien beiträgt, ist wohl Schäferweisheit.

Um sich von den Launen des Wetters nicht allzu sehr im Schlaf stören zu lassen, haben die Camper ihre mobilen Betten immer wieder neu erfunden. Die Strohlager mit Wolldecke gehören der Vergangenheit an.

Einzelne Bergwanderer in einsamen Almhütten machen es sich darauf vielleicht heute noch gemütlich. Auch Manager, die sich während des Survival-Trainings das Sitzen auf geheizten Autoledersitzen abgewöhnen wollen, flüchten möglicherweise kurzfristig auf solche Strohbetten. Das

Feldbett nutzen meist nur noch die Militärs. Die Campingliege hat ewigen Bestand, und die Isoliermatte hat die Luftmatraze nicht ganz verdrängen können.

Doch der König allen Schlafzubehörs ist und bleibt der Schlafsack. Schon zu Urgroßvaters Zeiten hat man sich bemüht, den Schlafsack optimal zu gestalten, damit das Schlafen an jedem Ort und zu jeder Zeit ein Genuß wurde. Welche Kapriolen der Erfindungsreichtum manchmal trieb, zeigt der Jacobsack, den der gleichnamige stolze Erfinder aus Köln seinerzeit zum Patent angemeldet hat:

Und damit der Schläfer in dem sehr dichten Sack des Herrn Jacob nicht erstickt, besitzt das Kopfteil als besonderes Accessoire einige Schläuche, die ins Freie gehen. Auch die lästigen Fliegen haben bei diesem ungewöhnlichen Modell keine Chance, da sie von einem eingenähten Gazestreifen an den Zugängen gebremst werden. Der Mantel des Herrn Baron von Reuß andererseits hat wohl dem heutigen Bundeswehrschlafsack Pate gestanden und ist im Zuge von Gespäcksparmaßnahmen nicht ohne. Er war so gearbeitet, daß überall Laschen eingenäht waren, die ausgeklappt und zusammengeknöpft zu einem Sack wurden. Moderne Bundeswehrparker lassen sich, modifiziert durch Reißverschlüsse, in ähnlicher Weise zu einem Schlafsack verlängern.

Der Jacobsack (Deutsches Patent 109 851)

Eine kleine Philosophie hat sich um den Schlafsack gesponnen. Komfortable Wärme, kleines Packmaß, geringes Gewicht und hochwertige Verarbeitung sind die Grundlagen dieser Anschauung. Ein guter Schlafsack soll für ein angenehmes Schlafklima sorgen, die vom Körper abgehende Wärme gut speichern und gleichzeitig Feuchtigkeit nach außen transportieren. Form und Wärmevermögen eines Schlafsackes hängen eng zusammen. Der Mumienschlafsack z. B. soll dem Körper angepaßt sein, denn es ist wichtig, daß die Luft zwischen Körper und Schlafsack im richtigen Maße zirkulieren kann. So wärmt sie den Schlafsack, und die Körperwärme geht nicht verloren. Die Kapuze ist ganz wesentlich, denn dreißig Prozent der Körperwärme entweicht über den Kopf. Und da man sich heutzutage abgewöhnt hat, eine Nachtmütze zu tragen, sollte man, um es durchgehend schön warm zu haben, darauf achten, die Kapuze des Schlafsackes genau anzupassen.

Doch der Kern aller Schlafsackweisheiten ist die Füllung. Lange Zeit nahm man dafür Wollmischungen, die auf Dauer jedoch den Nachteil hatten, daß sich Klumpen durch Feuchtigkeit bildeten. Um 1925 brachte in

Deutschland ein bekannter und engagierter Wegbereiter des Campings, Carl I. Luther, der seine Veröffentlichungen mit dem Kürzel Cil zeichnete, den gleichnamigen »Cil-Schlafsack« als ersten Daunenschlafsack in den Handel. Seit dieser Zeit hat sich die Daunenfüllung bewährt. Sie läßt genug Zwischenraum für Luft, und Feuchtigkeit kann ihr nichts anhaben, natürlich vorausgesetzt, man pflegt den Daunenschlafsack richtig und hängt ihn bei Nichtgebrauch zum Bauschen über eine Leine. Geringes Gewicht und ein kleines Packmaß versucht man zunehmend auch mit Kunststofffüllungen zu erreichen. Perlonwatte, Dralon-Füllung, Rhovyl, Moltopren-Schaumstoff und Polyesterfasern verschiedenster Art werden und wurden ausprobiert, um nur einige zu nennen.

Doch die Daunenfüllung mit Beimischungen, um die Feuchtigkeit besser abzusondern, scheint unschlagbar in ihren Eigenschaften. Die atmungsaktiven Hüllen hingegen werden heute meist aus Mikrofasern wie Gore-Tex oder Syntex genäht. Auch im Bereich der Reißverschlüsse wird eifrig jede Neuerung als Schlag gegen die Kältebrücken gefeiert und verkauft. Diese spitzfindigen Errungenschaften überlassen wir jenen erlebnishungrigen Herrschaften, die Camping im Himalaja bevorzugen.

Wie man sich bettet, so liegt man: die Luftmatratze zum Schlafsack verbessert den Schlafkomfort um einiges. Da sie nicht nur zum Schlafen im Campingurlaub dient, sondern auch zum Sitzen und Wasserplantschen, sei sie hier lediglich als Vorläuferin der Isoliermatte erwähnt, die mittlerweile als leichte und bunte Schaumstoffrolle in keinem Reisegepäck mehr fehlt. Doch selbst die guten Eigenschaften der Isomatte werden immer weiter verfeinert. Die selbstaufblasbare Matte von Jin Lue und Dr. John Burroughs aus den USA verbindet beispielsweise die Vorzüge einer Luftmatratze mit denen einer Schaum-Isomatte. Bei solchem Liegekomfort mit Lifetime-Garantie sieht manches Hotelbett alt aus.

Doch viele Camper schlafen schon lange nicht mehr auf dem Boden oder haben es noch nie getan. Sie wollten es bequemer und schliefen in speziellen Autobetten, die meist nichts weiter waren als egalisierte Autositze. Zu Beginn des Campingbooms standen Kleinwagen wie zum Beispiel der Zündapp-Janus im Mittelpunkt des Interesses, und die Hersteller wiesen nachdrücklich darauf hin, daß die Kleinwagen durchaus auch als Schlafwagen benutzt werden konnten. Eine Idee, die sich langfristig allerdings nicht durchsetzte. Auch so mancher Bastler wird in seinem Auto ausgemessen und geplant haben, um die optimale Bettlänge zu errei-

»Villa Sachsenruh« – Trabant P 601 mit Dachzelt. Baujahr 1980

chen. Der Autor, als eingefleischter Citroën-2-CV-Fahrer, ist sogar mehrmals so weit gegangen, den Rücksitz für den Urlaub auszubauen und die Ladefläche einfach mit Schaumstoff aufzupolstern. Und damit er mit den Füßen nicht immer an den Kofferraumdeckel stieß, hat er diesen in der Nacht elegant mit einer Schnur in die gewünschte Höhe gezogen. Und wenn die Füße allzu kalt wurden, hat er den Kofferraumdeckel wieder heruntergelassen.

Er hätte aber auch eine alte Idee aufgreifen können, die schon vielerorts im Eigenbau ihren Niederschlag gefunden hatte: das Dachbettzelt. Man baut eine Kiste aufs Auto, aus der sich ein Zelt entfalten läßt, und mit einer kleinen Leiter ist es dann ein leichtes, weit vom kalten Boden entfernt, eine gemütliche Nacht zu verbringen.

Der Kraftfahrer Gerhard Müller aus dem sächsischen Limbach-Oberfrohna hat diese Idee 1978 in der DDR hoffähig gemacht. Seine Reisen im

Trabant in die sozialistischen Bruderländer waren immer von Devisenknappheit geprägt, und infolgedessen wurde häufig im Auto übernachtet. Der Strapazen müde, entwickelte Müller ein einfaches, aber durchaus komfortables Dachzelt für den Trabant. Die Konstruktion war denkbar geschickt: Sie bestand aus einem Dachgepäckträger, dem eine Matratze eingepaßt wurde, einem zusammenklappbaren Zelt und einer kleinen Leiter, die direkt ins Himmelbett führte. Müller gelang es, das Patent anzumelden und einen Gewerbeschein zu ergattern. Mit drei Mitarbeitern baute er jährlich 120 bis 130 Betten mit Zelt für den Trabant. Die durchschnittliche Wartezeit dauerte etwa drei Jahre. Das Autodachzelt »made in GDR« war deshalb so beliebt, weil man damit überall campen konnte, wo auch das Parken erlaubt war. Routiniers haben dieses Dachzelt übrigens in zwei Minuten aufgebaut, so schnell kann man in keinem Hotel einchecken und sich zur Ruhe begeben.

Im Caravan haben längst »normale« Betten mit Federkern und anderen Finessen den Schlafraum erobert. Diese Betten sind meist so funktional eingebaut, daß sie tagsüber verschwinden und des Nachts höchsten Liegekomfort garantierten. Das Bettzeug wirft man einfach in den Caravan, und schon gehts los, das ist ja gerade einer der Vorteile, die das Caravaning bietet.

Vom Lagerfeuer, von Kochern und mobilen Kochkünsten

Das Lagerfeuer als Inbegriff von Freiheit und Abenteuer, mystifiziert durch Filme und Unmengen von Erzählungen, ist für den Camper bis heute ein besonderer Versammlungsort, wo das Ursprüngliche lebt und sich erleben läßt. Aus welchem Anlaß auch immer ein Lager aufgeschlagen wird, ob bei einer Rallye der Caravaner oder einem Treffen der Zeltjugend: Hier bekommt der heutige Mensch eine Ahnung davon, wie seine Urahnen gelebt haben. In großen Mengen strömen seit Jahrhunderten die Menschen zu den jährlichen Johannis- und Martinsfeuern, um dem mystischen Treiben beizuwohnen, die kein noch so raffiniert konstruierter Hauskamin imitieren kann.

Doch die Plätze, auf denen man sein eigenes Lagerfeuer entzünden darf, sind selten geworden. Überall lauern Mitbürger, Polizei und Naturschützer, die den Wald in Brand sehen oder auf die schwarzen Flecken hinweisen, die anschließend die Landschaft verschandeln.

Nur selten sieht man noch einen Camper beim Angeln an einem Flußufer, der sich ein Feuer gerichtet hat, um den frisch gefangenen Fisch gleich zu braten.

Das persönliche kleine Lagefeuer ist zum Gesellschaftsfeuer geworden. Lagerfeuer heute bedeutet meist Brennholz, das herangefahren worden ist, einer, der es für alle anzündet, und ein fester Versammlungsort, an dem nur an bestimmten Tagen ein Feuer lodert.

Für den Camper, der an einem einsamen Ort die Lust verspürt, ein Lagerfeuer zu entzünden, sei die alte Camperweisheit in Erinnerung geru-

Lagerfeuerromantik

fen, daß es sich nicht geziemt, dafür Benzin, Brennspiritus oder Petroleum zu verwenden. Ein richtiges Feuer entfacht man nur mit Geduld. Der gewählte Ort muß in einem Umkreis von einem Meter von allem Brennbaren gesäubert werden. Papier und trockenes Gras werden gehäuft, darüber wird eine Pyramide aus dünnen dürren Zweigen errichtet, die wiederum von stärkeren trockenen Holzscheiten überdeckt wird. Das Feuer wird von der Seite angezündet, aus welcher der Wind kommt. Ist es windstill, muß man mit gefühlvollem Blasen nachhelfen.

Der Zweck des Feuers bestimmt seinen Aufbau. Wer das Lagerfeuer fürs Braten und Kochen nutzen will, muß ein kräftig loderndes Feuer unterhalten, während ein Dauerfeuer still vor sich hin brennen und für Wärme am Lagerplatz sorgen soll. Das erreicht man, indem man zwei Stämme übereinanderlegt, die von Pflöcken gehalten werden. Wichtig ist, daß der untere Stamm kräftig eingekerbt wird, damit das Feuer Luft erhält und nicht ausgeht. Das Herdfeuer wird dann gerichtet, wenn man auch in freier Natur etwas backen will. Mit Steinen geht es besonders gut, sind aber keine greifbar, dann sticht man mit dem Spaten etwas Wiese aus und schichtet die Erdziegel entsprechend. Die Herdöffnung muß in die Windrichtung weisen. Einen solchen Erdbackofen verwendet heute wohl kaum ein Camper mehr, obwohl er die schmackhaftesten geschmorten Äpfel und die herrlichsten gebratenen Kartoffeln beschert.

Einen verwegenen Vorschlag, ein »eigenes« Lagerfeuer zu entzünden, allen Restriktionen zum Trotz, machte einst ein eifriger Pionier. Er schlägt das Ersatzlagerfeuer in der Konservendose vor. Mit allerlei Kerzenresten und Ölresten soll eine eingegrabene Dose gefüllt werden, ein alter getränkter Lappen dient als Docht. Sicherlich brennt da kein eindrucksvolles Feuer einsam vor dem Zelt, aber da die Idee der Dosenfeuerromantik anscheinend beeindruckte, wurde sie in einer Campingzeitschrift veröffentlicht. Diese eigenartige Romantik wird ihr Ende wohl bei den Zeltnachbarn gefunden haben, die die qualmenden Rauchzeichen, die als Einladung gedacht waren, sicherlich eher als Belästigung gedeutet haben werden. Die Einladung ist sicherlich nicht freundlich beantwortet worden. Auch wenn der Pionier des weiteren berichtet, daß er am nächsten Morgen die ausgebrannte Dose ausgegraben und in den Abfall gegeben habe und das Loch wieder mit Erde zugeschüttet wird, wirkt sein Optimismus, daß kein Campingplatzwärter der Welt ihn reglementieren wird, weit übertrieben.

Lagerfeueraufbau

Der Campingkocher

Aber nicht immer, wenn Flammen lodern, handelt es sich um ein Lagerfeuer; möglicherweise ist auch ein Benzinkocher in die Luft gegangen. Diese Erfindung, der man seine ca. 150 Einzelteile (Baujahr 1960) gar nicht ansieht, hat eine lange Tradition, doch letztlich hat der Gaskocher ihn aus der Campingausrüstung verdrängt. Die Diskussion, ob ein Benzinkocher das optimale Zubehör für die Campingküche ist, wurde lange Zeit vor allem in den einschlägigen Campingzeitschriften kontrovers geführt. Die Befürworter räumten zwar ein gewisses Gefahrenpotential ein, doch bei vorschriftsmäßiger Nutzung sei es ein optimales Instrument für die Kochkünste im Urlaub.

Die Entwicklung, die mit dem spiritusverzehrenden Lockenwicklerbrenner der Großmütter begann, über den Petroleum-Brenner seinen Lauf nahm, führte schließlich zu jenem Kocher, den man »leicht« mit dem Benzin aus dem Autotank betreiben konnte. Die meisten Camper waren mit dem Auto oder Motorrad unterwegs und hatten somit den Brennstoff gleich dabei. Gesegnet mit dem Prüfzeichen der Physikalisch-Technischen Bundesanstalt, entwickelte die Industrie, was der Markt erforderte, eine breite Modellpalette an Benzinkochern, die alle eines gemeinsam hatten: Düsen, die gepflegt werden mußten. Die notwendige Pflege war der Ansatzpunkt der Kritiker. Sie argumentierten, daß gefährliche Rückstände fein säuberlich beseitigt werden müssen, und da man, um einen Benzinkocher zu entzünden, ihn ohnehin mit Brennspiritus vorheizen muß: Warum dann nicht gleich den Spirituskocher benutzen? Aber ob Befürworter oder Kritiker, es erfordert einige Übung und technisches Verständnis, einen Benzinkocher in Gang zu bringen und zu halten. Über die Verständlichkeit von Gebrauchsanweisungen soll an dieser Stelle nicht diskutiert werden. Es bietet sich eher ein Bericht an, der die Geschehnisse nach einem Brand beim Zeltnachbarn untersucht:

Campingkocher

»Es wurde eine ›hochnotpeinliche‹ Untersuchung. Wir nahmen den Kocher auf freier Flur erneut in Betrieb. Pumpen, vorwärmen, anzünden, alles wie vorgeschrieben. Er brannte, puffend und ächzend, als stünde er noch unter Schockwirkung des Erlebten. Dann schoß plötzlich eine gewaltige Stichflamme auf. In das böse, verbitterte ›Na, sehen Sie!‹ meines Nachbarn stellte ich die Frage nach dem ›Warum‹, zu dem mich jahrelange Fahrtenpraxis erzogen hat. Wir verglichen unsere Kocher eingehend, prüften systematisch Teil um Teil und fanden die Ursache. Mein Nachbar hatte den Brenner nicht fest aufgeschraubt. Damit war die von ihm auf den Vergaser zurückstrahlende Wärmerückleitung unvollkommen. Der Brennstoff wurde nicht ausreichend vorgewärmt, vergaste nur geringfügig, und der aufgepumpte Druck trieb ihn zwischen Brenner und Vergaser flüssig heraus. Von dort lief er in den Schutzkasten, sammelte sich bis zu jenem Moment, in dem die hungrige Flamme nach einer neuen Nahrungsquelle leckte und jene Stichflamme erzeugte, die einem Traum von Urlaubsfreude ein jähes Ende setzte.

Die wesentliche Ursache scheint mir aber in der Leichtfertigkeit zu liegen, mit der versucht wird, den noch heißen Kocher mit Brennstoff nachzufüllen. Jeder halbwegs im Umgang mit dem Gottesgeschenk Feuer Vertraute weiß, daß er weder Spiritus, noch Petroleum oder Benzin zur ›Aufmunterung‹ in Herd und Ofen gießen darf.«

Wie gesagt, der Gaskocher setzte sich durch. Das Gas, genauer gesagt das Flüssiggas, verbrennt geräuschlos und rußfrei, und in der Flasche aufbewahrt ist es relativ gefahrlos. Und was für den Camper besonders wichtig ist, die kleinen blauen Kartuschen und auch die größeren Gasflaschen kann man fast überall einkaufen oder auffüllen lassen. Die nötigen Aufsätze zum Kochen lassen sich einfach handhaben, wenn man erst einmal weiß, daß die Gasflaschen gegen die Gewohnheit und deshalb zur Sicherheit grundsätzlich Linksgewinde haben. Gas ist auch zum unumstrittenen Energieträger für die Bordversorgung von Caravans und Reisemobilen geworden. Mit Gas werden üblicherweise Kocher, Heizung, Warmwasseraufbereitung und Absorberkühlschränke betrieben. Die Pflege und regelmäßige Überprüfung der Geräte, die mit Gas betrieben werden, garantieren einen problemlosen Gebrauch.

Vom Frischwasser

Wer kochen will, braucht Frischwasser. Was nutzt das schönste Lagerfeuer oder der praktischste Campingherd, wenn man in der freien Natur auf dem Trockenen sitzt. Ist man sonst gewöhnt, den Hahn einfach aufzudrehen, so muß bei Campingreisen daran gedacht werden, daß Wasser mitgeführt wird oder am Zielort das notwendige Naß zur Verfügung steht.

In Nordeuropa kennen wir die direkte Wassernot nicht, aber in den meisten südlichen Reiseländern spielen die Wasserressourcen eine wichtige Rolle. Der Kampf ums Wasser zwischen dem Festland Spanien und den beliebten Urlaubsinseln Mallorca, Menorca, Ibiza und Formentera im Mittelmeer ist ein besonderes Beispiel hierfür. Während Tanker Wasser über das Meer transportieren, um den übermäßigen Bedarf der Touristen auf den Inseln zu befriedigen, drohen auf dem spanischen Festland Landschaftsschutzgebiete in den heißen Sommermonaten auszutrocknen. Eine denkwürdige Geschichte. Oft machen sich Reisende keine Vorstellung davon, wie aufwendig es gerade in den südlichen Regionen Europas ist, einwandfreies Trinkwasser zu bereiten.

Die Campingküche

Worauf andere im Urlaub gerne verzichten, will der Camper beileibe nicht missen: das Kochen. Ein Grundstein einer jeden Campingreise ist nun mal die Selbstverpflegung. Die Unabhängigkeit von jeder Speisekarte, die fehlenden Benimmvorschriften bei Tisch, die besonders die Kinder genießen,

Anhalten der Frische wegen

lassen den Camper einiges an Ausrüstung und Proviant mit auf die Reise nehmen.

Doch bei allen Bemühungen, perfekt ausgerüstet zu sein, die Campingküche verheißt immer auch Improvisation. Die kleinen Unwägbarkeiten sind das Salz in der Suppe. »Wer nie sein Brot mit Kiefernnadeln aß, der kennt auch nicht die wundervollen Tage der ersten Campingzeit«, geht ein alter Campingspruch. Es spricht von der Zeit, wo es noch keine wohlausgestatteten Picknickkoffer und ausgeklügelten Kocher gab. So mancher Camper machte sich danach mit einem Stück Hartwurst, einer Käsestulle auf den Weg, und seinen heißen Kaffee erwartete er sehnsuchtsvoll von der glühenden Asche des Lagerfeuers. Und ab und zu wurde auch etwas Caro, die Kaffeesorte aus Malz, aus der Hand geknabbert. Ganz so archaisch ist es wohl nur bei wenigen zugegangen. Eher war es wohl so, daß die Garzeiten beim Camping nicht richtig eingeschätzt werden konnten und werden. Das Fleisch blieb zäh, die Kartoffeln waren zu Püree geworden, und der Salat war zu einer dunkelgrünen Masse zusammengefallen. Und der Anblick eines unerfahrenen Campingkoches, der des Morgens die Klumpen Spaghetti aus dem Topf kratzt, hat wohl mit dazu beigetragen, daß, wenn man von der Campingküche spricht, gleich von Dosenfutter geredet wird. Die Mär, daß alle Camper Dosenmenschen sind, hält sich hartnäckig. Das hat wohl damit zu tun, daß sie immer Proviant mit sich führen, um dann zu essen, wenn sie Hunger haben, und nicht, wenn sie einen offenen Gasthof entdecken.

Der Vorteil der Campingküche besteht seit jeher aber auch darin, daß man dort, wo man gerade ist, frische Lebensmittel einkaufen kann – exotische wie vertraute –, die dann am eigenen Herd zubereitet werden. Der Versuch, mit fremdländischer Kost und den Spezialitäten des Gastlandes Bekanntschaft zu machen, lohnt sich meist, und jeder einheimische Verkäufer wird sich freuen, wenn man ihn um seinen Rat bei der Zubereitung fragt. Ob man diesen Rat dann richtig verstanden hat, spiegelt sich spätestens in den Gesichtern der Hungrigen, wenn man stolz das Menü auf den Campingtisch stellt. Der Bummel auf fremden Märkten, wo man frisches Gemüse und Früchte kauft, ist trotz manchen aufdringlichen und fremden Geruchs immer ein Erlebnis. Und wer zuviel eingekauft hat und des Abends vom Strand zum Zelt zurückkehrt, sollte sich nicht über die Ameisenstraßen oder den Wespenschwarm wundern, der sein geliebtes Urlaubszuhause bevölkert. Gerade für das Leben im Freien ist es wichtig, die Lebensmittel und Speisereste gut zu ver- und entsorgen, denn die Bevölkerung des Lebensraums ist oft zahlreicher, als man denkt.

Um schmackhafte Freiluft-Menüs auch richtig zubereiten zu können, muß der Camper jedoch eine Miniküchenausrüstung mit sich führen. In der Küchenkiste soll man all die Dinge finden, die fürs Kochen notwendig sind. Eine Kiste deshalb, damit sich auf der Fahrt beispielsweise Gewürzdosen und Bestecke nicht selbständig machen oder gar der Pfeffer sich in den Socken wiederfindet. Am besten ist es, alle geruchs- und druckempfindlichen Dinge und Lebensmittel in verschließbaren Kunststoffdosen unterzubringen. Töpfe und Pfannen nehmen zwar ziemlich viel Platz ein, sollten aber nicht zu klein sein, weil ja schließlich nicht nur kleine Fische in die Pfanne sollen. Eine echte Bereicherung für jede Campingküche ist ein Dampfkochtopf. Mit ihm spart man Energie, und er hat den Vorzug, daß Vitamine und Mineralien beim Garen zum großen Teil erhalten bleiben. Für das Kochen in Caravan- und Wohnmobilküchen ist er auch deswegen ideal, weil kaum Küchendunst entsteht und somit nichts stinkt.

Das Camping-Eßgeschirr sollte so beschaffen sein, daß man es gut ineinanderstapeln kann. In welcher Form dies geschehen soll, veranlaßte schon 1960 einen nachdenklichen Campingfreund aus der Schweiz zu folgenden Überlegungen. Warum gibt es eigentlich nur runde Camping-Dosen? fragte er sich. Denn er erkannte, daß beim Stauen viel Freiraum zwischen den runden Dosen bleibt, welch eine Platzverschwendung! Und so forderte er für den Camper eckiges Geschirr, ja sogar viereckige Bratpfannen mit abgerundeten Ecken. Und kaum war der Artikel in der Schweizer *Camping Revue* erschienen, bemerkte der Autor: »Erfreulich, auf den Campingausstellungen in Frankfurt und Köln wurde viereckiges Campinggeschirr gesichtet.«

Bis auf die Corned-beef-Dosen hat sich die Lebensmittelindustrie allerdings nicht auf den Vorschlag zugunsten des Stauraums eingelassen. Dafür aber frühzeitig entdeckt, daß die Camper diejenigen sind, die ihre haltbaren Produkte in alle Welt tragen. Ein Teil der Werbestrategie war die Herausgabe von Kochbüchern für Camper. Natürlich wurde in ihnen so manches Gericht vorgeschlagen, das nur auf der Grundlage »bestimmter« Suppen und Soßen zu einem herzhaften Camper-Menü wachsen konnte. Einige Beispiele aus der seinerzeit sehr populären Maggi-Kochfibel für Camper seien hier angeführt: Spanische Tomatensuppe, Schinkenbrote, zu denen neben den Tomaten natürlich Maggis Fondor gehörte. Rezeptvorschläge, die jedem Camper eigentlich ein Lächeln entlocken mußten, wurden präsentiert mit dem besonderen Anspruch, den man der Zielgruppe zusprach. Erbseneintopf, gezuckerte Beeren mit Milch, Leberkäse in Bratensoße, Pellkartoffeln und Salat, Spanische Tomatensuppe mit Schinkenbroten, solche Empfehlungen gaben die Industrieköche zur Zeit des Campingbooms den Urlaubern mit auf den Weg. Doch trotz aller Ravioli-Dosen im Kofferraum, die Campingköchinnen oder -köche werden darauf geachtet haben, daß der Improvisation genug Spielraum blieb.

Besonders die Eintopfgerichte, die so alt wie die Menschheit sind, erfreuen sich bei Campern großer Beliebtheit. Man benötigt für einen Ein-

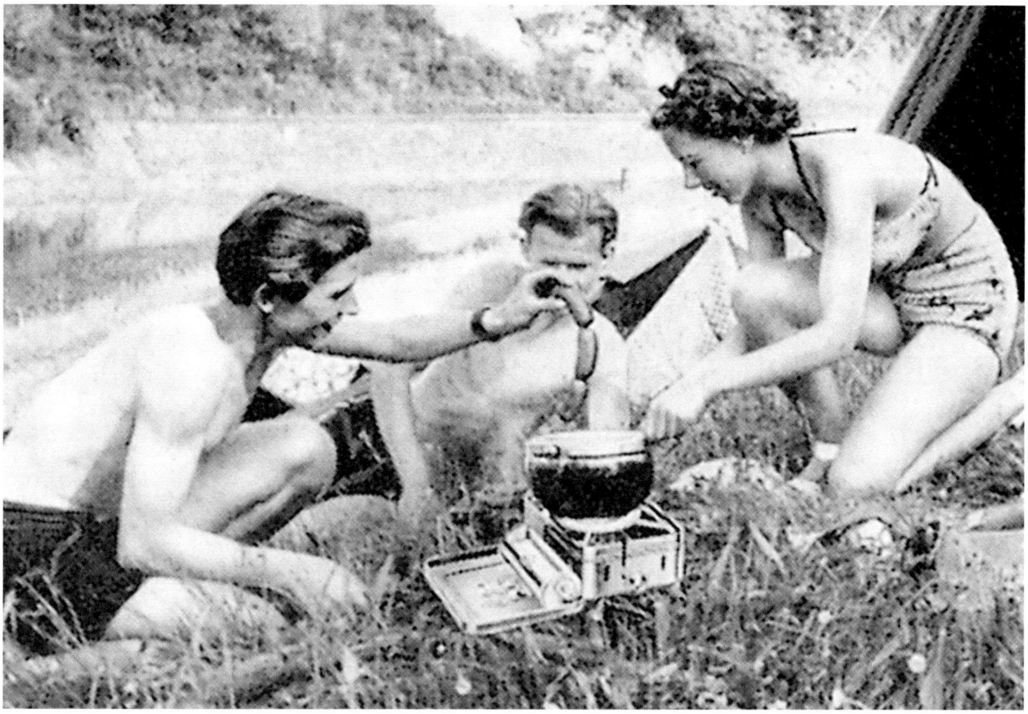

Viele Ideen in einem Topf

topf von allem Elementaren nur eines: eine Feuerstelle, einen Topf, ein wenig Wissen und einen Hauch Phantasie – so entstehen jene herrlichen Gerichte. Eintopf ist etwas Deftiges, Kerniges. Ein Gericht für Genießer.

Vor den Topfgerichten beim Campen steht das Grillen. Die Zeiten, wo nur eine Bratwurst auf dem Grill schmorte, sind längst vorbei. Heute wird alles auf den Rost gelegt, was irgendwie verspricht, nach kurzer Zeit herzhaft zu schmecken: von Sparerips, Koteletts, Fischen bis zu Tomaten, Paprika, Auberginen und Mais – es gibt fast nichts, was nicht auf den Grill kommt.

Grillen ist nach wie vor eine der Lieblingsbeschäftigungen der Camper. Ob der Grill nun mit Holzkohle, Gas oder Strom betrieben wird, er sollte stabil sein. Einen Windschutz sollte er auch haben, denn fliegende Funken sind gerade auf einem Campingplatz gefährlich. Damit das Vergnügen nicht mit einer verbundenen Hand endet, sollte auch ein Grillbesteck und ein feuerfester Handschuh mit von der Partie sein. Wer so ausgerüstet grillt, den erwarten ungetrübte kulinarische Genüsse.

Man sieht, die Küche auf Reisen muß kein Kompromiß sein. Alles ist möglich. In Marseille werden Sie sicher selbst kreierte Fischsuppe kochen wollen. In Spanien Fisch und Huhn mit landesüblichen Zutaten grillen. In Ungarn Paprika füllen und in Schottland nach einigen Tagen vielleicht doch eine Dose öffnen oder ein Landgasthaus besuchen.

In Zeiten des Fastfoods an jeder Weggabelung klingt dies alles ein bißchen altbacken, aber wer mit seinem Reisemobil in Länder fährt, in denen noch nicht ein großes M in der Landschaft als Zeichen einer globalen Eßkolonie prangt, der wird sicher froh sein, den eigenen Proviant bei sich zu haben. Dies ist heute leichter denn je, denn in den Wohnwagen- und Reisemobilküchen ist der Standard inzwischen so hoch, daß die Küche von zu Hause sich tatsächlich auf Rädern zu bewegen scheint.

Auf diesem Wege lebt die alte Camperfreiheit wieder auf, in der freien Natur seine Mahlzeiten einnehmen zu können. Ob nun im Wohnmobil zubereitet oder auf dem offenen Feuer hergerichtet, das Essen im Freien ist eine Zeremonie, die für die Campergemeinde von besonderer Bedeutung ist.

Der Wohnwagen – Reisen mit dem Kanapee

Urlauber, die auf der Fahrt zum Ferienort ein Hotel für eine Nacht suchen, können neidisch werden. Auch wenn sie vor Stunden Kolonnen von Caravans überholt haben, huscht so manchem spätestens nach der zehnten verzweifelten Anfrage der Gedanke durch den Kopf, ob ein Caravan die Lösung all seiner Probleme wäre. Ist Nachwuchs mit an Bord, gilt dies um so mehr. Denn eines ist sicher: Für Kinder haben Wohnwagen etwas Anziehendes. Es ist, als ob sie ahnten, daß die rollenden Häuser ein Stück mehr Vertrautheit und Abenteuer für sie bereithielten als so manch ausgeklügelter Ferienklotz. Und was da alles hineingeht: Jedenfalls verwundert es schon oftmals, was manche so alles für eine Reise benötigen und mit sich führen. Nicht selten sieht man den einen oder anderen Zugwagen mit vollgepackten Dachgepäckträgern etwas tief in den Federn, während hinten an der Anhängerkupplung ein leicht geneigtes mobiles Haus folgt. Das Auto lenkt ein stolzer Fahrer, der geruhsam seinen Blick abwechselnd von der Straße in den großen Seitenspiegel und zurück wirft. Vielleicht liegt die scheinbare Gelassenheit des Lenkers einfach an der angenehmen Geschwindigkeit, die er zu fahren gezwungen ist. Oder aber er ist erfüllt von tiefster Zufriedenheit beim Anblick seines rollenden Hauses, das ihm die Gewißheit gibt, jederzeit und an jedem Ort anhalten zu können. Wo aber beginnt die Geschichte dieser Privatschlösser auf Rädern?

Ganz zu Anfang waren es die Betuchten: Könige, Gesandte, Feldherrn oder Kaufleute, die in ihren Kutschen weite Reisen unternommen haben, sei es aus gewichtigen Gründen oder nur zum Vergnügen. Ob die gezogenen Wagen während der Völkerwanderungen oder der Kreuzzüge nicht nur zum Transport, sondern auch als Schlafstätten genutzt wurden, ist heute nicht mehr mit Sicherheit zu beantworten. Von Archäologen und Historikern werden meist nur vage Verbindungen zwischen Reisenden und ihren Fahrzeugen hergestellt, und so ist man auf Anekdoten und Berichte angewiesen, wie beispielsweise jenen des berühmten Venezianer Kaufmanns Marco Polo, der im 13. Jahrhundert Asien bereiste und von einem fahrenden Häuptlingszelt bei den Tataren berichtet, das von 22 Ochsen gezogen worden sein soll.

Wenn man die römischen Streitwagen nicht in Wohnmobile verwandelt und in den germanischen Ochsenkarren nicht die Vorgänger der Faltcaravane sieht, läßt sich der Beginn des komfortorientierten Reisens im eigenen Gefährt mit gutem historischem Gewissen bei Napoleon Bonaparte ansiedeln, dessen Biograph Friedrich Sieburg das Reise- und Feldherrngefährt so schildert: »Sein Reisewagen war so raffiniert eingerichtet, daß er in ihm schlafen und arbeiten konnte. So gelangte er in fünf Tagen von Dresden nach Paris, ohne daß seine Regierungsgeschäfte während dieser Tage ins Stocken gerieten [...] Kunstvoll war auch der kleine, aber feste Tisch, der aus der Wagenwand herausgeklappt wurde. Er durfte nicht wackeln oder schwanken, denn Napoleon breitete seine Karten auf ihm aus und besteckte sie mit bunten Nadeln, die er aus einer roten Samtkugel herauszog.« Napoleon hielt sich auch während der Fahrt im Wagen auf und bediente sich der weiten Welt zur Entsorgung: »Was er im Wagen nicht mehr brauchen konnte, flog zum Fenster hinaus, nicht nur die Knochen eilig verzehrter Brathühner, sondern auch leere Umschläge, Aktendeckel, die Schnitzel sorgfältig zerrissener Rapporte und schließlich sogar Bücher, die er nicht mehr weiterlesen wollte oder ihm der Aufbewahrung nicht wert erschienen.« Kein gutes Vorbild.

Napoleons Reisewagen wurde von den Engländern bei der Schlacht von Waterloo erbeutet. Sie brachten ihn nach London, wo ihn schließlich Madame Tussaud, die Besitzerin des berühmten Wachsfigurenkabinetts, erstand. Leider wurde das historische Reisemobil 1955 bei einem Feuer zerstört.

Als Dichtung ist wohl jener Bericht über Johann Wolfgang Goethe einzuordnen, der rund um die Kanonade bei Valmy spielt, der Goethe 1792 beiwohnte, um gleich vor Ort mit der Niederschrift seiner Beobachtungen beginnen zu können. Eine unbekannte Quelle behauptet, daß der deutsche

Dichterfürst die Schlacht im gepflegten Rahmen erleben wollte, nämlich in einem pferdebespannten Wohnwagen mit Diwan, Schreibtisch und Waschlavoir in Porzellan mit Hahn und Abfluß. Verifizieren läßt sich diese Behauptung allerdings nicht, und Goethe selbst sagt in seinen Gesprächen mit Johann Peter Eckermann, daß er mit einem Pferd zu den vordersten Linien geritten sei und in unbequemen Zelten übernachtet habe. Dennoch wird mittlerweile in fast allen Berichten, die sich mit der Geschichte des Caravaning befassen, Goethe immer wieder, ohne Nennung der Quellen, in diese komfortable Kutsche gesetzt.

Ein Dichterkollege Goethes, der Engländer Charles Dickens (1812 bis 1870), beschreibt in seinem Roman *Der Raritätenladen* sehr anschaulich den Wohnwagen der Mrs. Jarley, die mit ihrem Wachsfigurenkabinett durch die Lande zog. »Es war kein schäbiger, schmutziger, staubbedeckter Karren, sondern ein schmuckes kleines Häuschen auf Rädern, mit weißen Köpergardinen an den Fenstern und grünen Fensterläden, gegen die sich das Knallrot der Füllungen abhob, und in diesen fröhlich kontrastierenden Farben machte das Ganze einen prächtigen Eindruck. [...] Als sie langsam ein Stückchen gefahren waren, wagte Nell, sich verstohlen in dem Wohnwagen umzusehen und ihn genauer zu betrachten. Die eine Hälfte – wo die behäbige Eigentümerin saß – war mit einem Teppich belegt und am hinteren Ende so aufgeteilt, daß dort eine Schlafstelle hätte untergebracht werden können, die einer Schiffskoje nachgebaut und wie die kleinen Fenster mit schmucken weißen Vorhängen verhüllt war und recht behaglich aussah, obwohl es ein unergründliches Geheimnis blieb, durch welche gymnastischen Übungen die Wohnwagendame es je fertig brachte, hineinzugelangen. Die andere Hälfte diente als Küche und war mit einem Ofen ausgestattet, dessen kleiner Schornstein durch das Dach ragte. Sie enthielt auch einen Wand- oder Speiseschrank, mehrere Kästen, einen großen Wasserkrug und ein paar Kochgeräte und etliches Steingutgeschirr. Diese Gebrauchsgegenstände hingen an den Wänden, die dagegen in dem der Wohnwagendame geweihten Teil der Behausung mit fröhlicherem und leichterem Zierat wie einem Triangel und zwei stark abgenutzten Tamburins geschmückt waren.« Charles Dickens, bekannt für seine genauen Gesellschaftsstudien, hat hier wohl einen der in England immer häufiger auftauchenden Artistenwohnwagen vor Augen gehabt.

Von dem Artisten James Sanger aus dem seinerzeit berühmten Zirkus »John and George« weiß man, daß er einen etwa 3,6 × 2 m großen Wohn-

Der Wohnwagen von Mrs. Jarley

wagen hatte, der komfortabel ausgestattet gewesen sein muß. Neben den Artisten entdeckten auch die wohlhabenden exzentrischen englischen Dandys den Wohnwagen als Reisegefährt. Das Credo war, daß man auch unterwegs auf den gewohnten und vor allen Dingen persönlichen Luxus nicht verzichten wollte. Die Londoner Firma Glover beispielsweise stattete für den unternehmungslustigen Sir Samuel White Baker einen Reisewagen aus, mit dem er von England nach Zypern reisen wollte. Der üppig bestückte Wagen war so schwer, daß man Ochsen als Zugtiere brauchte. Die Reise nach Zypern, in Begleitung der Gattin, sechs Dienern und drei Spaniels, muß sehr gemächlich verlaufen sein. Von der Begeisterung des alten Exzentrikers für diese erste Caravaning-Ferienreise gibt sein Tagebuch Auskunft: »Der Wagen bietet einen derartigen Luxus, daß ich, wär die Erde von einer Straße statt eines unnützen Äquators umgürtet, sie ständig umreisen würde.« Am Ausgang des 19. Jahrhunderts sichtete man überall in Europa englische Reisewagen, mit denen vornehme und unternehmungslustige Herrschaften, inspiriert durch die wachsende Zahl von Reisebeschreibungen, von einer Sehenswürdigkeit und reizvollen Landschaft zur anderen zogen. Die betuchten Reisenden nahmen die strapaziöse Kanalüberquerung und die schadhaften Straßen in Kauf, um mit eigenem Hausstand die Welt in Augenschein zu nehmen. In gewissen Kreisen gehörte solche Art zu reisen zum Prestige. Einer dieser reiselustigen Engländer ist der Arzt und Reiseschriftsteller Gordon Stables (1840–1910) aus Bristol, der sich ein vierrädriges Gefährt als Wohnwagen bauen ließ, das bis heute unter dem legendären Namen »Wanderer« bekannt ist. Es gab sogar ein Harmonium im Wagen, neben dem unentbehrlichen Kanapee für den Mittagsschlaf. Mit dem von zwei Pferden gezogenen Gespann schaffte man 25 Kilometer die Stunde, alles andere wurde als unnötiger Streß angesehen. Bemerkenswert ist, daß der »Wanderer« erhalten werden konnte und in Bristol im Museum steht.

Der Wohnwagen von Gordon Stables um 1886

Sein erster stolzer Besitzer wurde 1907 zum ersten Präsidenten des Britischen Caravan-Clubs gewählt. Viele Earles und Dukes wurden von der neuen selbständigen Art zu reisen inspiriert und gaben luxuriöse Caravans in Auftrag. Dies ging so weit, daß man einen Van, so bezeichnete man diese Gefährte fortan, mit einem offenen Kamin ausstattete und Vogelkäfige einbaute. Die Stellmacher und Sattler stellten sich auf ihre neue Kundschaft ein und wurden immer spitzfindiger. Ein Verkaufsschlager und Exportartikel wurde der »Bible-Caravan«, der mit seiner aufgesetzten Kanzel für Missionszwecke weltweit zum Einsatz kommen sollte.

Voller Stolz gründeten 1907 die Besitzer dieser oft prachtvollen Einzelanfertigungen auf Initiative vom Duke of Bedford den »Royal-Caravan-Club«, der bald 80 Mitglieder zählte. Den Durchbruch zum modernen Caravanbau in Serie gelang der englischen Firma Eccels aus Costa Green bei Birmingham. Die 50 in Serie gebauten Caravans wurden im Frühjahr 1920 alle innerhalb kürzester Zeit verkauft.

Das Zeitalter des Automobils brach an. Überall tauchten die fauchenden selbstfahrenden Kutschen auf, die dann auch bald Wohnwagen angehängt bekamen. Das erste dokumentierte motorisierte deutsche Caravangespann schreibt man dem Prinz von Oldenburg zu, der mit diesem Gefährt den Kaukasus bereisen wollte. Für die 30 PS starke De-Dion-Dampfmaschine ließ er einen Wohnwagen bauen. Neben allen Extravaganzen, die der Prinz in Auftrag gab und die sehr an die Ausstattung von Eisenbahnwaggons erinnerten, wollte der Prinz einen Dachgarten auf dem Gefährt, damit er aus dem Lehnsessel die Landschaft in gebührendem Abstand betrachten konnte. Dr. E. E. Lewass, ein Deutscher mit britischer Staatsbürgerschaft, baute auf das Chassis eines 25 PS starken Panhard-Levassor einen busähnlichen Motorcaravan, mit dem er nichts Geringeres als eine Weltreise unternehmen wollte. Er schaffte es immerhin über Paris, Berlin und Warschau nach St. Petersburg, mußte aber aufgeben, weil ihm ein Zylinder geborsten war. In der folgenden Zeit wurden mehr und mehr solcher tollkühnen Versuche unternommen. Mit der Vorstellung des gasbetriebenen Viertakt-Verbrennungsmotors von Nikolaus August Otto im Jahre 1878 auf der Weltausstellung in Paris beginnt der unaufhaltsame Siegeszug des Autos, das die Pferdekutsche bald verdrängen sollte. Die Voraussetzung für die Entwicklung des Motor-Caravaning war geschaffen. Neben der serienmäßigen Produktion von Wohnwagen in England wurde sie in Amerika sicher durch die große und schnelle Verbreitung des legendären und zuverlässigen Ford-T-Modells begünstigt.

Schon 1928 konnte man in den Vereinigten Staaten auf ein enges Netz von Campingplätzen zurückgreifen. Die Betreiber stellten sich rasch auf die neuen Autowanderer ein. Und doch meinten die ersten Motorcaravaner, damals wie heute, man muß alles dabeihaben. Als Beispiel sei der »Motor-Hauswagen« von Mister Conklin aus New York erwähnt, der mit seinem omnibusähnlichen Gefährt eine Reise quer durch Nordamerika unternehmen wollte. Die Ausstattung war ausgetüftelt und für die lange Strecke berechnet. So berichtet die *Allgemeine Autozeitung* im Jahre 1915 dem deutschen Leser, daß der Wagen über ein Bad mit fließender Kalt- und Warmwasserversorgung, elektrische Beleuchtung, eine Kocheinrichtung sowie einen Eisbehälter für 100 Pfund Eis als Vorrat für zwei Wochen verfügte, womit man 100 Meilen zurücklegen konnte, ohne einzukaufen. Es gab drei Räume mit vier Kojen, und auf dem Dach wurden Liegestühle, Wassertanks und ein Motorrad untergebracht. Die Küche hatte einen elektrischen Herd, Eisschrank, Abwaschtisch und Geschirrschränke. Sogar eine Bibliothek war an Bord.

Die Entwicklung des Caravaning in Amerika diente vielen europäischen Enthusiasten als Vorbild, aber die Voraussetzungen für Caravaning in Europa waren noch nicht gegeben, besonders in Deutschland. Abgesehen von kuriosen Eigenbauten wie dem des Kunstmalers Kniekebusch, der um 1910 mit seinem leichten Lieferwagen, den er sich nach seinen Bedürfnissen eingerichtet hatte, durch die Lande zog. Im Deutschland der Weltwirtschaftskrise gab es zwar allerlei ziehendes Volk auf der Straße, aber von einer Caravan- oder Freizeitbewegung kann bis in die dreißiger Jahre hinein keine Rede sein. Ähnlich wie in England sind die Anfänge des Wohnwagenbaus bei Tüftlern und Handwerkern zu suchen, die dem Automobil ein Haus anhängen wollten, um dem wechselhaften Wetter in Mitteleuropa zumindest auf Reisen – denn Urlaub nach heutigen Maßstäben hatten nur wenige im Sinn – die Stirn bieten zu können.

Die Arche

Ein umtriebiger Pionier in Sachen Wohnwagen war der Schriftsteller und Journalist Heinrich Hauser (1901–1955), der nicht nur seine »Arche« selbst geplant und mitgebaut hat, sondern auch ein Buch über die Reise mit dem »ersten« deutschen Wohnwagen geschrieben hat. In den 1935 erschienenen *Fahrten und Abenteuer im Wohnwagen* beschreibt Heinrich Hauser, wie ihn seine Leidenschaft für Schiffsreisen auf die Idee gebracht hatte, ein Schiff für die Landstraße zu bauen: »Reisen und gleichzeitig zu Hause zu bleiben, das war das scheinbar unmögliche Verlangen, das mich umtrieb.« In seinem Haus an der Unterelbe flocht er eine Wiege aus Weidenzweigen, denn es wurde Nachwuchs bei Familie Hauser erwartet. Das Gerüst, das der hoffnungsvolle Vater für die Wiege des neuen Erdenbürgers flocht, wurde dem eines Zeppelins immer ähnlicher, und der Heinrich Hauser malte sich aus, ein ganzes Haus aus Weidenruten zu bauen. »Das würde ungefähr so aussehen wie die großen Planwagen der Kaufleute im Mittelalter oder die ›Prärieschoner‹ der ersten Siedler in Amerika. Das waren ja Häuser gewesen, Häuser, in denen man reiste.« Er erzählte seiner Frau davon. Der Widerspruch, zu reisen und trotzdem zu Hause zu bleiben, schien gelöst. Von nun an wurden die Reisepläne gemeinsam geschmiedet. Für Familie Hauser schien ein Traum in Erfüllung zu gehen. Man würde die Kinder bei sich haben, die eigenen vier Wände und einen eigenen Herd.

»Im Geiste sah ich die Arche schon vor mir; drei Räume mußte sie haben: einen für die Eltern mit zwei Kojen, der außerdem Eßzimmer und Arbeitszimmer war, einen für die Kinder mit zwei kleinen Kojen, und eine Küche. Es war unmöglich, diese Räume richtig aufzuzeichnen und zu berechnen, bevor ich nicht das Fahrgestell hatte, auf dem die Arche aufzubauen war. Dieses Fahrgestell konnte nur das eines Autos sein, denn von einem Auto sollte die Arche gezogen werden. Ein schnell fahrendes Fahrzeug mußte sie sein, ganz anders als die für Trecker oder Pferde gebauten Wagen der Schausteller und Zigeuner.«

Auf einem Autofriedhof in Hamburg fand er, was er suchte, das Fahrgestell einer abgetakelten alten amerikanischen Limousine. Nun waren die Maße für den Aufbau klar: größte Länge 5,50 m, maximale Breite 1,90 m und eine Höhe von 2,80 m über dem Erdboden. Alle Vorstellungen ließen sich realisieren. Da die »Arche« auch im Winter benutzt werden sollte, mußten die Materialien sorgfältig ausgewählt werden. Heinrich Hauser entschied sich für Preßplatten aus Holzfasern, die innen und außen auf das Skelett aus Eschenholz genagelt wurden. Der Luftraum zwischen den Platten bot eine gute Isolation. Die Fugen wurden verleimt und mit Leinwandstreifen abgedichtet. Dieser abgerundete Riesenkasten wurde mittels kräftiger Männer und Flaschenzüge zum Fahrgestell geschleppt. Doch nun geschah das, was einigen Pionieren auch später noch passieren sollte, das Tor zum Hof war zu klein.

Ein Selbstbauer aus der ehemaligen DDR berichtete mir von einem ähnlichen Malheur. Er hatte im zweiten Stock seines Kombinats seinen Wohnwagen Stück für Stück und mit langem Atem zusammengebaut, dann aber feststellen müssen, daß der Lastenaufzug für die Ausmaße des neuen Wohnwagens zu schmal war. Der Meister, in dessen Werkstatt Heinrich Hauser hantierte, löste das Problem, indem er vorschlug, den Kasten hochkant zu nehmen. Der Aufbau der »Arche« paßte jetzt um Haaresbreite durchs Tor. Beim Aufsetzen aufs Fahrgestell stellten die Handwerker freudig fest, daß alle Vorbohrungen richtig ausgemessen waren. Der Kasten konnte ohne Probleme aufgeschraubt werden.

»Mein Schleppwagen ist ein 4,5 Liter starker Packard, ein ungewöhnlich großes und starkes Automobil, jetzt sieht es beinahe winzig aus, der Arche vorgespannt.« Man fuhr zur städtischen Waage, wo ein Eigengewicht von 1750 kg amtlich festgestellt wurde. Zum Innenausbau bemerkt Heinrich Hauser: »Der Raum, der mir anfänglich so groß erschien, verengt sich mehr und mehr. Wenn man vom Land auf ein Schiff kommt, so ist eine Umstellung aller Bewegungen notwendig, um sich den kleineren Räumen richtig anzupassen, kommt man aus einem gewöhnlichen Haus in meine Arche, dann muß man erst ganz neu lernen, sich zu bewegen, ohne überall anzustoßen.« Eine Erfahrung, die wohl jeder noch heute macht, wenn er zum ersten Mal einen Wohnwagen betritt.

Der Meister hatte sogar noch einen »zusätzlichen« Raum erdacht und geschaffen: eine Veranda, die als große hölzerne Plattform ausziehbar unter dem Wagenkasten befestigt war. Als Seemann wollte Hauser auch einen Kartenraum, aber es gab natürlich keinen Platz, und so tapezierte er die Landkarten kurzerhand an die Wände. Der »Dampfkesselüberwachungsverein«, der damalige TÜV, der hauptsächlich die Bremsen prüfte, hatte keine Beanstandungen, und die Polizei erteilte die Zulassung.

Frau und Kinder in den Hänger und los gings. Die ersten Kilometer der Fahrt beschreibt Heinrich Hauser so: »Zum ersten Mal bin ich der Kapitän der Arche und spüre die ganze Schwierigkeit, dies große Schiff zu manövrieren. Mein Wagen mit seinem starken Motor hat sich früher leicht und beschwingt gefahren wie ein Vogel. Nie brauchte ich Vollgas zu geben, kaum jemals mußte ich schalten, selten mit Kraft auf die Bremsen drücken.

Diese Fahreigenschaften sind durch die 2000 kg der Arche natürlich vollkommen umgewandelt. Die Arche lastet wie ein Berg. Auf schlechtem Pflaster höre ich sie hinter mir rumpeln und poltern. Die Kurven muß ich weit ausholen und langsam nehmen, damit das Fahrzeug ohne Anstoß um die Ecken kommt. An Hügeln, die ich früher gar nicht spürte, muß ich schalten. Die Arche ist breiter als der Zugwagen, mit der Zuggabel ist sie gut 7 Meter lang; die gesamte Länge meines Schleppzuges ist jetzt 13 Meter.«

Als er das Gefährt zum ersten Mal anhält, seine Frau Toms hatte die kleine Glocke gezogen, die zwischen »Arche« und Zugwagen installiert war, traute Hauser seinen Augen nicht. Ein Großteil des Hausrats ist aus den sorgsam geplanten Vorrichtungen geflogen, und der Herd qualmt –

Die Arche auf großer Fahrt

ein Durcheinander, das seine Frau so kommentiert: »Ich konnte es nicht mehr aushalten, das furchtbare Geklapper.«

Im Laufe der Fahrt wurde manches Problem entdeckt und behoben, wenige waren es nicht. Es wurde eine lange Reise, die quer durch Deutschland führte und an der, nach dem Bericht von Hauser, die ganze Familie viel Spaß fand. Auftauchende technische Probleme wurden meist mit Hilfe von staunenden Handwerkern vor Ort angegangen. Nur die Neugierde der Menschen ließ sich nicht abstellen. Überall wo man die »Arche« sichtete, umlagerte man das Gespann. Viele Neugierige verstanden nicht, daß Menschen nur zum Vergnügen mit einem Wohnwagengespann auf Reisen gehen können.

Versuche in Serie

Aber die Vorteile des Wohnwagens, trotz aller Anfangsschwierigkeiten, wurden schon damals deutlich. Das eigene rollende Haus sorgt auch unterwegs für eine behagliche Privatsphäre und ermöglicht ein familiäres Zusammensein, das gerade Kinder besonders zu schätzen wissen und was sich so in keinem Hotel finden läßt.

Hans Berger, der Begründer des Campingausrüstungshauses Sportberger, war naturgemäß einer, der alle Neuerungen im Freizeitbereich aufmerksam beobachtete. Den ersten Wohnwagen, den er mit eigenen Augen sah, gehörte seinem holländischen Freund Dr. van der Sleen, den er 1930 auf dem Sankt Gotthard traf. Hans Berger war begeistert und konnte nun die Wünsche jener Kunden besser verstehen, die um Wohnwagen angefragt hatten.

Viele Deutsche hatten auf ihren Reisen durch England und die Vereinigten Staaten Wohnwagen gesehen und wollten nun selbst einen erwerben. Hans Berger nahm zunächst importierte Wohnwagen in sein Programm auf, aber die Nachfrage war gegen alle Erwartung sehr gering. Als erfahrener Verkäufer von Campingartikeln wurden ihm die Gründe bald klar. Die Wohnwagen-Modelle, die er anbot, waren nicht leicht genug, man brauchte zu starke Autos, um sie ziehen zu können. Seine Erfahrungen im Leichtbau von Faltkanus nutzte er nun, um selbst einen »fahrenden Wolkenkratzer« zu entwerfen und zu bauen. Sein Freund Heinrich Hauser, ein Wohnwagen-Pionier wie er, wird ihm sicherlich einige wertvolle Tips gegeben haben, nach dem Motto: »Den Fehler brauchst du nicht mehr zu machen.«

Die ersten Versuchsfahrten mit dem Prototyp endeten wie bei der Bruchlandung eines Segelfliegers: Sträucher und Äste ramponierten den hohen Aufbau. Hans Berger ließ sich nicht entmutigen und folgerte richtig: Die Höhe muß verringert werden, aber der Wohnkomfort darf nicht verlorengehen. Ergebnis war ein kleiner einachsiger Faltwohnwagen mit dem Namen »Hausdabei«.

Der leichte Anhänger mit seinen 200 kg wurde der erste Serienwohnwagen in Deutschland. Als Hänger klein und windschnittig und ausgeklappt wie Kabriolettverdeck, entstand in wenigen Sekunden ein Zelt mit Platz für zwei Betten. Hans Berger war seiner Einstellung treu geblieben, es ging ihm vor allem um eine einfache und natürliche Art, des Campings. Aber wofür dann die ganze Mühe, einen Wohnwagen zu konstruieren, reichte ein gutes Zelt nicht? Ein Werbetext für sein »Hausdabei« gibt Aufschluß: »Es braucht kein Zeltbock in den Boden getrieben zu werden, es sind keine Zeltleinen aufzuspannen, es steht auf Fels- und Betonboden ebensogut wie im Dünensand. Ein trittfester, gut gegen Bodenkälte isolierender Holzfaser-Fußboden, erhöhte Bettplätze und das Doppeltzeltdach machen das Wohnen in diesem wettersicheren Raum besonders angenehm.«

»Hausdabei« wurde ein Erfolg, war aber dennoch nur eine Zwischenstufe in der Entwicklung zu einem »richtigen« Wohnwagen, wie er von vielen gefordert wurde. Und die potentiellen Käufer standen Schlange – nicht selten stellten sich Kunden mit Bildern und Berichten aus Frankreich, England und Amerika ein und machten Vorschläge.

Hans Berger bemühte sich, einen eigenen Weg zu gehen, und stand wieder vor dem altbekannten Problem des Gewichts. In seinem Katalog aber schrieb er voller Optimismus: »Wohnwagen sehen groß aus, und daraus schließen manche, daß sie auch schwer sein müssen. Ja, es gibt auch schwere Anhänger, aber das sind keine guten Anhänger. Gute Anhänger sind leicht.« Die Namen der Modelle lassen dem Wohnwagenfan das Herz höher schlagen: »Sportberger-Karawane«, »Berger-Kajüte« mit aufklappbarem Dach und Briefkasten. Mit einem »Karawane« von Sportberger unternahm der bekannte Motor- und Reisejournalist Theo Rockenfeller mit seiner Frau, der Schriftstellerin Ilse Lundberg, eine Reise durch Nordafrika. In der *Allgemeinen Automobilzeitung* von 1938 konnten die Da-

Das Wohnzimmer in der Wüste

heimgebliebenen die Reise verfolgen. »Wir wollten unser Leben nicht in Luxushotels verbringen, sondern draußen am Busen der Natur nächtigen, wo der Schakal heult und wo man keinen befrackten ›Ober‹ kennt. Wir glaubten, dieses uns vorschwebende Märtyrerleben am besten in einem deutschen Wohnwagen letzter Konstruktion führen zu können, der von einem hundertpferdigen Luxuskabriolett mit verchromten Stoßstangen gezogen werden konnte.« Nach drei Wochen in Afrika kehrte das Ehepaar zurück. »Den Wohnwagen haben wir als Stück unserer trauten Heimat im fremden, fernen Erdteil schrecklich lieb gehabt.«

Bei Arist Dethleffs muß es auch die Liebe gewesen sein. Der Juniorchef einer Reitpeitschenfabrik war in den dreißiger Jahren als Handlungsreisender in Sachen Reitpeitschen und Skistöcke unterwegs. Die langen Trennungen von seiner Frau veranlaßten ihn, über einen Wohnwagen nachzudenken, worin auch seine Frau, eine Malerin, arbeiten konnte. Das Resultat war ein Wohnwagen mit Hubdachkonstruktion, der bis heute mit dem Markennamen Dethleffs in Verbindung gebracht wird. Die Erfahrungen mit dem eigenen »Zigeunerwagen« führten dazu, daß sich der junge Dethleffs schon bald entschloß, auf Bestellung Wohnwagen zu produzieren. Wenige Zeit später konnte man einen »Tourist«-Hubdachwohnwagen für 1880 Reichsmark aus dem schwäbischen Isny erwerben.

Der Aero-Sport-Wohnanhänger von Wolf Hirth

Unter dem Namen Schweikert firmierte Hans Seitz, der Tüftler, der auf dem Kongreß der »International Federation of Camping Clubs« in Wiesbaden-Biebrich mit seinem Caravan positiv auffiel. Hans Seitz bemerkte, daß es bei den meisten Modellen, oft Eigenbauten, an der fachmännischen Ausführung mangelte, und entschloß sich, eine eigene Wohnwagenbau-Firma zu gründen. Drei Jahre später beantragte er in Berlin die Typenprüfung für seine beiden Modelle »Kleiner Strolch« und »Immer dabei«. Hans und Lina Seitz erregten besondere Aufmerksamkeit, als sie mit zwei Wohnwagengespannen über das Stilfser Joch fuhren. Auch wenn die Ford Eifel als Zugwagen es schwer hatten, die angehängten »Kleinen Strolche« überstanden die Strapaze mühelos.

Auf der Berliner Internationalen Automobil-Ausstellung (IAA) im Jahr 1938 präsentierte J. B. Knöbel, ein Schmied, der früher Ackergeräte hergestellt hatte, den Westfalia-Wohnwagen »Landstreicher« und bemerkte, der Wohnwagen sei besser als sein Name. Es handelte sich dabei um den Nachbau eines amerikanischen Modells. Der geräumige »Landstreicher« wurde von prominenten Zeitgenossen wie dem Rennfahrer Hans Stuck oder der Sängerin Zarah Leander hochgeschätzt. Westfalia stellte dem großen noch ein kleineres Modell zur Seite, den »Stromer«. Neben diesen Modellen wurden weitere entwickelt, an denen vor allem die aerodynamische Form verbessert wurde. Denn auch damals war der Benzinverbrauch ein wichtiges Thema.

Sicher träumten einige ganz Verwegene von den großen Trailerparks, die in Nordamerika die Campingkultur veränderten, aber tatsächlich begann die Planwirtschaft der Nationalsozialisten mit ihren Kriegsvorbereitungen dem ungebundenen Freizeitvergnügen der Individualisten in ihren fahrenden Häusern ein Ende zu bereiten. Auch wenn die Propaganda den Volksgenossen einen VW Käfer mit Wohnanhänger als mögliches Ziel für jedermann in Aussicht stellte – die rücksichtslose und gewaltsame Gleichmacherei hatte den organisierten und kontrollierten Freizeitmenschen im Auge. Was für die Freizeit erdacht worden war, wurde mit Beginn des Zweiten Weltkrieges in den Dienst der Vernichtungsmaschinerie der Nationalsozialisten gestellt. Hans Berger, Arist Dethleffs und Westfalia produzierten weiter, nun aber für die Stäbe der Wehrmacht, die Kartographen und Kriegsberichterstatter. Wohnwagen aus Privatbesitz wurden auch für militärische Zwecke konfisziert. Der Rennfahrer Hans Stuck reiste weiter in einem Wohnwagen, diesmal als Truppenbetreuer der Propagandaabteilung nach Nordafrika. In der gleichgeschalteten Zeitung *Motorblatt für Alle* von 1943 schwärmte man auf

Der Traum von Millionen KdF-Sparern

andere Art und Weise: »So sehen wir, daß auch auf dem Sondergebiet des Wohnanhängers erfolgreich weiter gearbeitet wird zum Nutzen für den Krieg und später zu unserer Freude, wenn das Autowandern wieder möglich ist.« Auch die Kraft-durch-Freude (KdF-)Finanzierungssparverträge, die Grundlage für die Motorisierung des »privaten« Deutschen sein sollten, entpuppten sich als Betrug, denn statt Tausender VW Käfer, die Ferdinand Porsche als Konstrukteur vorgeschwebt hatten, rollte nun der VW Kübelwagen als Militärfahrzeug aus den Werkhallen. Der Traum des KdF-Sparers, einen solchen VW, möglichst noch mit einem »Karawane« von Sportberger, sein eigen nennen zu können, ging im wahrsten Sinne des Wortes in Flammen auf.

Nachkriegszeit und Campingboom

Aber die Idee des Volkswagens überlebte den Krieg und setzte sich schließlich unter anderen Vorzeichen durch. Die entbehrungsreichen Nachkriegsjahre, die Restriktionen der Besatzungsmächte und die Materialknappheit ließen im Wohnwagenbereich wenig Spielraum. In Urlaub zu fahren, daran war zunächst nicht zu denken. Auf den kleinen Inseln der Unversehrtheit in der Nähe wurden die wenigen freien Stunden verbracht, dort konnte man träumen, irgendwann vielleicht mit einem Wohnwagen in den sonnigen Süden aufzubrechen.

Um die Zeit zu überbrücken, bis die Deutschen wieder reisen konnten, versuchten die »neuen« Wohnwagenhersteller der Nachkriegszeit, Hans Berger, Wolf Hirth, Arist Dethleffs, Alfred Tabbert und Helmut Knaus, nun Käuferschichten zu finden, die beruflich viel unterwegs waren: vom Bildreporter bis zum Artisten, vom Vertreter bis zum Direktor, der vor Ort den Aufbau seiner neuen Fabrik überwachen wollte. Das Ziel hatte sich nicht verändert: leicht und praktisch ausgestattet mußte so ein Wohnwagen sein, denn die Zugfahrzeuge, meist Autos mit Holzvergaser, waren nicht kräftig genug, um schwere Hänger zu ziehen. Als das Benzin wieder freigegeben und das Reiseverbot in den Zonen aufgehoben wurde, der mausgraue Käfer immer häufiger auf den Straßen zu sehen war, die klobigen Vorkriegsmodelle mit Holzvergaser nicht mehr am Waldrand standen und tankten, wuchs auch der Wunsch, in fremde Urlaubsländer zu reisen. Der Wohlstand kam mit Autos wie dem Opel Kapitän oder Ford-Limousinen, von Gogo, Lloyd oder Auto-Union. Auf den kaum fertiggestellten Straßen wurde der Rausch der Geschwindigkeit ausprobiert. Man wollte wieder jemand sein und sich unterscheiden, das Auto sollte hierbei helfen.

Auch die Wohnwagenindustrie entfaltete eine Modellvielfalt, die wesentlich dazu beitrug, daß der Urlaub im Wohnwagen in Deutschland zu einem wichtigen Faktor wurde. Vom Faltkaravan, Hubdachvarianten bis zu Luxusvillen auf Rädern: es wurde entworfen, gebaut und verkauft. Der zukünftige Motorcaravaner wurde umworben, immer mit der Patina, die Hans Berger in seinen einleitenden Worten zu seinem Wohnwagen-Bilderbuch schon vor dem Krieg gefunden hatte:

»Zeitschriften belieben das Wohnwagenleben im allgemeinen – wie im Film darzustellen. Bemalte Mädchen lehnen an Autotüren, junge Herren spielen auf dem Schifferklavier und sonst – sonst geschieht anscheinend nichts.

Die Wirklichkeit ist doch etwas anders, schöner, weil arbeitsamer. Es wird uns da Gelegenheit geboten, eine Menge Arbeit, ungewohnter, daher reizvoller Arbeit zu tun.

Arbeit? Ja, Arbeit! Das sei einmal ganz eindeutig festgestellt, um Enttäuschungen von vornherein zu vermeiden. Es handelt sich um kein Hotel auf Rädern, es genügt keineswegs, nach Bedienung in den Wald zu rufen, es kommt kein Ober und kein Fräulein, höchstens der Förster.

Wenn eine Wohnwagenbesatzung von Hunger geplagt wird, kann sie zwar an einem Gasthof vorfahren und sich Speise und Trank vorsetzen lassen, sie braucht dies aber nicht zu tun, weil sie ja mit eigenen Bordmitteln sich überall auf der Welt selbst aufkochen kann – Hausmannskost, sie braucht nicht auf den Ober zu warten, sie braucht nicht jenes letzte freie Zimmer noch zu nehmen, sich nicht in jenes ungewohnte Bett zu legen, sie kann sich Ost-, Süd-, West- und Nordaussicht wünschen und bekommen, Sonne oder Schatten wählen, Wald oder Heide, Meer oder Berg.

Kein Wort gegen das Hotel und das Gasthaus und schon gar nicht gegen das gute Haus, das seinen Gästen ein wirkliches Heim zu ersetzen trachtet, aber es gibt Menschen, denen völlige Ungebundenheit über alles geht, und diese finden im Wohnwagen das Höchstmaß solcher Freiheit.

Statt Geld muß hier in Arbeit bezahlt werden. Platz suchen, auf Tragfähigkeit prüfen, von Unrat säubern, Ventilationen auf, Wasser holen, Düsen reinigen, Kocher in Gang bringen, Teig rühren, Kartoffeln schälen, Fleisch klopfen, Geschirr spülen, Ventilationen schließen, Boden auskehren, Schuhe putzen, Ventilationen wieder aufmachen, Betten machen, Zeltleinen nachspannen, wieder Wasser holen, Unrat forttragen und vergraben, Mücken verscheuchen, Fenster öffnen, Ventilationen wieder schließen, Baro- und Hygrometer beobachten und entsprechende Vorbereitungshandlungen treffen, ins Dorf gehen und neue Lebensmittelvorräte erwerben. Dabei die Milch nicht vergessen, sonst muß man nochmals gehen – das alles kann höchst romantisch sein, vom morgendlichen Bad im Wildbach angefangen bis zum abendlichen Schlupf in den Schlafsack oder jenem, von Zeit zu Zeit fälligen Gang mit geschultertem Spaten und etwas Papier unterm Arm.

Es ist ein wunderliches Haus, so ein Wohnwagen, jeden Tag schaut eine andere Landschaft zu den Fenstern herein, auch Bären, Ziegen oder Neger. Es ist eine Tarnkappe, mit der du dich der Zivilisation entziehen kannst, es kommt kein Postbote mit unerwünschten Einladungen, es klingelt kein Telefon und auch kein Gasmann, dagegen klopfen dürre Zweige, des Nachts vom Baume fallend, hörbar auf das Dach, oder der Wind, der Wind – das himmlische Kind, singt dich in den Schlaf.

Du kannst deinen Wohnwagen ganz nach Belieben einrichten und ausstatten, so wie du dich bettest, so liegst du, es liegt ganz bei dir allein. Das Bilderbuch zeigt dir, wie es erfahrene Wohnwagenwanderer treiben. Du kannst es wiederum ganz anders machen, wenn es dir so nicht gefällt.«

Damals wie heute, die Namensfindungen für die Wohnwagen scheinen unerschöpflich. Seit den Anfängen signalisieren sie, was Luxus und elegante Bescheidenheit ist. Die Namen der Wohnwagen lesen sich wie die einer Großfamilie, wo jeder etwas vom Stolz der Herkunft und seiner zukünftigen Bestimmung im Namen trägt. In dem folgenden Kaleidoskop spiegeln sich Tradition und Innovation.

Neben Hans Berger sei hier ein anderer unvergessener Name genannt. Der vom Segelflugzeugbau kommende Dipl.-Ing. Wolf Hirth entwickelte den Wohnanhänger »Areo-Sport« kurz vor dem Krieg. 1946 schuf er mit dem »Tramp« dann ein beliebtes Modell, das mit 360 kg Eigengewicht ideal für den VW Käfer war. Die Mindener Karosserie-Fahrzeugbau GmbH, bekannt unter dem Kürzel Mikafa, die nicht nur Wohnwagen baute, sondern auch Omnibus-Aufbauten für Werbeaktionen, brachte die rollende Zweizimmerwohnung »Prominent« mit 9 m^2 Wohnfläche auf den Markt. Das kombinierte Wohn- und Arbeitszimmer »Präsident« wurde tatsächlich von manchem Firmenpräsidenten bei Aufbaureisen genutzt. Eriba-

Hymer entwickelte unter der Federführung von Erich Bachem die Klein-Caravane »Troll«, »Puck« und »Faun«. Der Puck wird modifiziert bis heute angeboten. Er ist ein ideales Einsteigermodell. In den damaligen Zeiten wurden zwar keine hohen Produktionszahlen erreicht, doch Hymer entwickelte sich bis heute zu einem der größten Anbieter in Europa. Für Zugwagen der »Schnapsglasklasse« konstruierte Alfred Tabbert seine Wohnwagen wie etwa das leichte Modell »Ideal«, das trotz seines geringen Gewichts von 300 kg einen doppelwandigen Aufbau hatte. »Regent« und »Prinzregent« folgten. Die Reiseanhänger GmbH präsentierte den »Weltenbummler« und den »Admiral«. Heinz Austermann schuf die legendäre »Knospe«, die für kleinere Fahrten gedacht war. Und auch Hans Berger entwickelte weiter; die »Landjacht L 6«, das »Wüstenschiff«, wie es Camper nannten, gehörte zu den auffälligsten Modellen.

Als die glasfaserverstärkten Kunststoffe (GfK) immer mehr Verbreitung fanden, wurden die ersten »Plastikbomber« gebaut. Die Firma Maly stattete ihr Modell »Fahti«, dessen Aufbau ganz aus Kunststoff gegossen war, mit einem großen Plexiglas-Panoramafenster aus. Auch von vielen Mitbewerbern wurde das leichte Material verwendet. Doch letztlich konnte es sich nicht durchsetzen, während die Sandwichbauweise mit ihrem isolierenden Zwischenraum bis heute angewandt wird.

Auf der anderen Seite der Mauer

In der DDR waren es zuerst kleine private Handwerksbetriebe, die seit Mitte der fünfziger Jahre Wohnwagen produzierten. Das »Dübener Ei« von Max Würdig entwickelte sich in seiner vorkriegsähnlichen »Wandernierenform« zu einem beliebten Wohnwagen in der DDR. Max Würdig stellte 1958 nur 6 Wohnwagen im Jahr her, 1968 waren es 60 bis 90, die er mit 12 Mitarbeitern produzierte. Die Dichtigkeitsprüfung wurde in diesem Betrieb mit der Gießkanne vorgenommen. Das 1972 enteignete Unternehmen, das bis zur Wende als VEB Campingwohnwagen Bad Düben weitergeführt wurde, befriedigte offiziell 10% der Inlandsnachfrage der DDR.

»Wanderklo« nannte der Volksmund das Modell LC 9-200 von Wilhelm Luther. In ihm konnten nur zwei Erwachsene schlafen, aber es war ideal für den Trabant als Zugwagen. In den folgenden Jahren wurden in

Was gibt's Neues?

verschiedenen Volkseigenen Betrieben Wohnwagen hergestellt. Der »Klappfix«-Wohnzeltanhänger, offiziell »Camptourist« genannt, erfreute sich großer Beliebtheit. Aber auch der Verkaufsmehrzweckwagen »Nagetusch« konnte mit entsprechender Ausrüstung zum Wohnwagen umfunktioniert werden. Der »QEK« war die sozialistische Variante des Plastikbombers, aber leider kaum isoliert. »Bastei« und »Intercamp« ereilte wie alle Wohnwagen der ehemaligen DDR nach der Wende das gleiche Schicksal; die Produktion wurde eingestellt, weil der Komfort für die neue Freiheit nicht ausreichte.

Eine Zwischenlösung, die sich nicht durchgesetzt hat

Mit der Idee des Faltanhängers befaßten sich viele ideenreiche und professionelle Bastler. Ob »Falter«, »Knospe«, »Klappfix« oder sonstwie benannt, der Flachmann unter den Wohnanhängern hat sich in der BRD nicht richtig durchsetzen können, dafür aber in der DDR. Der »Klappfix« war ein treuer Freund des Trabant, der als Zugwagen sich nicht allzuviel an den Hamsterhaken hängen ließ. Beim Faltcaravan scheiden sich die Geister. Die Befürworter halten ihn schlicht für genial. Ein flacher Anhänger, der eine leichte Fahrt verspricht und sich am Zielort in wenigen Minuten als eine schöne Behausung entpuppt. Die Gegner meinen, er sei nicht Fisch und nicht Fleisch. In Holland ist der Faltcaravan sehr beliebt, fast ein Drittel der Camper nutzen ihn.

Auch in Spanien und Frankreich ist er weitaus beliebter als in Deutschland. In der Bundesrepublik gibt es zur Zeit nur noch einen Hersteller. Mit einem Preis zwischen DM 6000,– und DM 15 000,– ist der Falter sicher-

Es »klappt« doch

lich eine Caravaning-Variante für junge Einsteiger. Das Konstruktionsprinzip ist denkbar einfach. Auf ein Fahrgestell wird ein Kasten montiert, in dem außer Sitztruhen und Betten auch das vormontierte Gestänge samt Zelthaut untergebracht ist. Als Abdeckung gibt es eine Plane oder einen fest verschließbaren Deckel. Der Aufbau läßt sich schnell bewerkstelligen: Stützen runter, Deckel auf, und das Zelt klappt sich auf, abspannen, Giebelgestänge einhängen und fertig.

Ein Klappcaravan hat im Gegenteil zum Faltcaravan feste Wände, die ähnlich wie bei einem Karton zusammengelegt werden. Hierdurch hat er nicht soviel Stauraum wie ein gewöhnlicher Caravan, dafür aber einen hohen Unterhaltungswert: Sie können sicher sein, daß sich die Campingnachbarn zumindest in der Aufbauphase der Kartonurlaubsvilla herrlich amüsieren werden.

Zahlen, Messen und die kleinen Unterschiede

Die Modellreihen der einzelnen Hersteller wuchsen stetig. Waren 1954 in der Bundesrepublik erst 1017 Caravans zugelassen, so waren es 1965 schon 48 368, ermittelte Alfons Hierhammer 1996 in seiner Doktorarbeit über die Caravan- und Motorcaravan-Branche in Deutschland. Im Jahr 1997 meldete der Herstellerverband der Caravanindustrie 615 695 angemeldete Wohnwagen für die gesamte Bundesrepublik. Der Anteil der neuen Bundesländer belief sich im gleichen Jahr auf 75 698 Einheiten. Ein Großteil der deutschen Wohnwagenproduktion wird exportiert, die Exportquote liegt bei 48,2 %. Der Anteil ausländischer Importfabrikate, die auf dem deutschen Markt verkauft werden, liegt hingegen nur bei 7,7 %. Diese marktbeherrschende Rolle der deutschen Hersteller in Europa ist wohl auch der Grund, warum viele Campingausstellungen, darunter auch die international größte, in Deutschland stattfinden.

Die Parade der Hersteller wiederholt sich Jahr für Jahr und ist für jeden Camping- und Caravanfreund eine Pflichtveranstaltung, ob auf dem Internationalen Caravan-Salon in Düsseldorf, dem Süddeutschen Caravan-Salon in Villingen-Schwenningen, auf der »Touristik und Caravaning« in Leipzig oder auf der »Touristik« in Bielefeld. Hier kann der Interessierte sehen, anfassen und prüfen, in welchem Zelt, Wohnwagen oder Reisemobil er in Zukunft seine Freizeit verbringen will.

Zum 37. Internationalen Caravan-Salon in Düsseldorf 1998 präsentierten 500 Aussteller aus 19 Ländern ihre neuesten Entwicklungen zum Thema mobile Freizeit.

158 000 Besucher waren gekommen, um die Neuheiten zu begutachten. Im Caravan-Center in unmittelbarer Nähe der Messe übernachteten 53 000 Menschen aus 20 Nationen in ihren Reisemobilen und Wohnwagen. Die meisten sollen auch den Altstadt-Shuttle für einen Besuch an der längsten Theke der Welt genutzt haben. Zurück aus der Düsseldorfer Altstadt, konnte der interessierte Campingfreund am folgenden Tag feststellen, daß zwar die Altbierpreise gestiegen, die Preise für Caravans und Wohnmobile aber in den letzten Jahren stabil geblieben waren. Doch vor dem Kaufentscheid sollte man nicht nur über Farbe, Preis, Ausstattungsvarianten nachdenken, sondern sich auch einige grundsätzliche Fragen stellen:

Wollen Sie Campingreisen unternehmen oder den Caravan an einem festen Standort aufstellen? An diese Frage schließt sich natürlich an: Wo soll der Caravan stehen, wenn Sie ihn nicht nutzen? Wohnwagenhändler, Bauern oder andere Hallenbesitzer sollte man vorher um einen Stellplatz angefragt haben. Auch ein Dauerstellplatz sollte möglichst vor dem Kauf angemietet werden, denn das Abstellen über einen längeren Zeitraum am Straßenrand ist zwar möglich, wenn er angemeldet ist, aber eine unsichere Sache. Um im Prospektwald und Markendschungel nicht verlorenzugehen, sollte man bei Caravans von drei Grundtypen ausgehen.

1. Der kleinste Typ, geeignet für zwei Personen, mit Kocher, Spüle, Kühlschrank, Sitzgruppe bzw. Liegefläche, Heizung und Kleiderschrank, einem Eigengewicht von 600 – 800 kg, mißt ca. 3,5 m in der Länge und ca. 2,10 m in der Breite. Das Preisniveau der Kleinen pendelte 1998 zwischen DM 13 000,– und DM 18 000,–. Auch wenn die Hersteller damit werben, daß noch zwei Kinder Platz finden, und in den Prospekten das Weitwinkel-Objektiv häufig zum Einsatz kommt, ist dieser Typ für mehr als zwei Personen nicht geeignet.
2. Für Familien mit Kindern ist schon eher ein mittlerer Wohnwagen zu empfehlen. Diese Klasse bietet mit ihren ca. 5 m Länge und ca. 2,10 m Breite bequem Platz für vier Personen, und ein Toilettenraum gehört meist zum Standard. Bei 800 bis 1000 kg Eigengewicht muß man hier auch schon mit Anschaffungskosten bis zu DM 20 000,– rechnen.
3. Die großen Wohnwagen, die mit Komfort locken, haben eine Aufbaulänge von 5 bis 6 m und kosten im Durchschnitt DM 30 000,– und

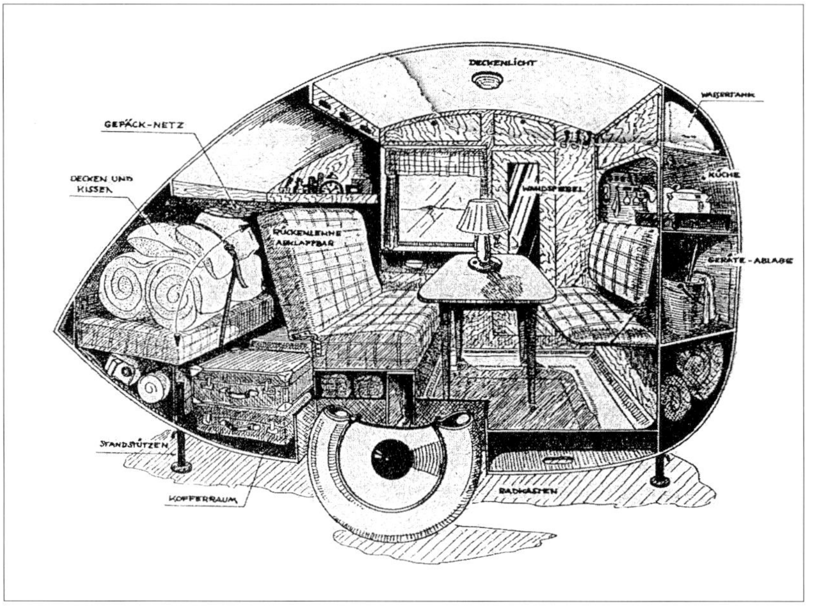

Der »Tramp« im Querschnitt

mehr. Bei einem Eigengewicht von 1200 kg muß man schon einen kräftigen Zugwagen davorspannen, damit der Komfort auch sicher am Ziel landet.

Und wer noch gar nicht weiß, ob im Caravaning wirklich sein Freizeitglück liegt, sollte vielleicht erst mal testen, worauf er sich einläßt, bevor er Unsummen von Geld für eine Reiseform ausgibt, die ihm möglicherweise gar nicht entspricht: Caravans lassen sich nämlich auch mieten.

Camping im Wohnmobil oder: Von den vielen Geburten des Reisemobils

Wie sich doch die Zeiten ändern. Vor einem Gartenzaun irgendwo in Deutschland kurz vor dem Sprung ins 21. Jahrhundert: Auf der Straße steht ein sehr gepflegtes Wohnmobil, vielleicht sogar ein funkelnagelneuer Integrierter – so nennen die Insider diejenigen Reisemobile, in denen das Fahrerhaus Teil des Wohnbereiches ist. Davor stehen Mutter und Vater, die – nachdem Vater nun seit einiger Zeit pensioniert ist – es zu Hause nicht mehr aushalten. Hinter dem Gartenzaun wartet der Sohn mit Frau und Enkel und gibt noch die letzten Ratschläge, damit die Reise nicht gleich in einem Stau auf der Ausfahrtsstraße endet. Man hat an alles gedacht und alles dabei. Die TV-Antenne auf dem Dach ist für die Fahrt gesichert, der Wassertank ist aufgefüllt, die Gasflasche sitzt fest in der gut durchdachten Sicherung, der Tempomat hat sich bei der gestrigen Probefahrt auf der Autobahn auch bewährt, und die Gardinen gegen allzu neugierige Blicke haben dem rollenden Heim etwas unverkennbar Privates gegeben. Auch wenn das Wohnmobil oder Reisemobil – diesen Unterschied wollen einige Reisemobilfahrer unbedingt machen – größer als der gewohnte PKW ist, es läßt sich genauso leicht fahren, weiter ausholen muß man nur in engen Kurven. Die Sicht aus dem Cockpit ist wunderbar – bei diesen großflächigen Scheiben wird alles zum Panorama, selbst die gerade beschnittenen Bäume des Nachbarn, der mit der Heckenschere winkt.

Der Ausbau eines Lieferwagens in ein Reisemobil war sicherlich nicht immer nur eine Angelegenheit von jungen Leuten, die ohne Komfort die Welt entdecken wollten. Viele ernsthafte Bastler verbrachten nicht selten

Monate damit, ein komfortables und bequemes Gefährt Marke Eigenbau auf den Weg zu bringen.

Die Stimme für ein gut ausgerüstetes Wohnauto hat schon früh der schweizerische Ingenieur W. de Beauclair erhoben. Sein weitsichtiger und engagierter Bericht in dem Schweizer Magazin *Camping, Touring und Canoé* aus dem Jahr 1954 bietet mehr als die Beschreibung technischer Finessen. Der eidgenössische Ingenieur machte sich daran, Möglichkeiten und Notwendigkeiten, die beim Umbau von einem Nutzfahrzeug zu einem komfortablen Wohnauto zu beachten sind, gegeneinander abzuwägen.

»Was ist aus dem guten alten Zelten geworden! Es nahm wie eine Filmdiva einen neuen Namen an, wurde zum Camping, wurde salonfähig, modern, eine Massenbewegung! Es mag viele alte Zeltfreunde geben, die das herzlich bedauern und manche Auswüchse solchen modischen Betriebes gewiß mit Recht bedauern. Man darf aber nicht verkennen, daß durch die neue Art des Zeltens mit Auto, Komfort und Campingplatz nicht nur viele neue begeisterte Freunde gewonnen wurden, sondern auch manch alter Zeltler seinem Sport erhalten bleibt. Und nun spreche ich in eigener Sprache; denn ich kannte kaum Schöneres, als mit Boot und Zelt draußen zu sein und in Sonne und Einsamkeit und in ihrer imaginären Freiheit die Zeitmisere zu vergessen. Sie aber vergaß mich nicht. Jahre kamen und gingen, die doppelt und dreifach wogen; Boot und Zelt verbrannten, die Gesundheit ging dahin. Sollte jetzt die Ofenbank alleine noch gelten? Nein: auch jetzt ist es möglich, sich der Natur zu freuen, draußen zu leben, Länder in der Ferne zu bereisen und die Verbundenheit aller Menschen zu erleben – jetzt sogar mit Frau und Kind, mitsamt der notwendig aufwendigeren Ausrüstung. Es ist möglich, allein durch die erfreulichen Folgen der modischen Campingbewegung, die allerorts gut ausgerüstete Campingplätze erstehen ließ, die mit ihren Verbänden und Vereinen, mit Karten und Führern die Wege des Zeltlers ebnet. Freuen wir uns also, daß aus dem Zelten ein Campen wurde, nutzen wir die neuen Möglichkeiten!

Es gilt nur sehr genau zu überlegen, wie sich das alles unter einen Hut bringen läßt, was so energisch auseinander strebt.

Die ganze Familie – vier bis sechs – sollen bequem fahren, gut schlafen und auch bei Regen genügend Raum für ihre Molekularbewegung haben (wird diese eingeengt, so steigt der Druck, weiß die Physik). Das reichliche Gepäck soll zugänglich untergebracht sein; die Einrichtung soll robust und praktisch sein, damit auch die in ihrer Ferienstimmung weniger sorgsamen Kinder nicht immer gewehrt werden müssen. Alles das soll erschwinglich in der Anschaffung und billig im Unterhalt sein, außerdem leicht zu handhaben für den Kapitän und bequem zu bewirtschaften für die Hausfrau, damit auch sie wenigstens etwas von den Ferien hat.

Es gilt also genauso eifrig, wie man früher das wenige Zubehör zum Faltboot auswählte, mit der gleichen Liebe und Geduld, mit der die rechte Kajakfrau gesucht wurde, nun das Rechte an Wohnwagen zu finden.

Läßt man sich aus den Prospekten der Sporthäuser unterrichten, so gibt es nur zwei richtige Wege zum Camping: Mit Auto und Zelt oder mit Auto und Wohnanhänger. Solche gibt es in allen Formaten und mit allem Komfort samt kaukasisch Nußbaum. Amerikaner fahren nur Wohnwagen, steht da, die müssen es wissen: Es gibt nichts Besseres!

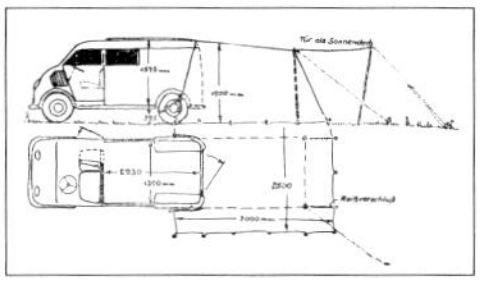

Planung eines Wohnmobils

Was bleibt aber sonst noch? Es bleibt ›last but not least‹ das Wohnauto.

Es gibt heute mehrere Typen von Schnellastern, Kleinbussen oder Kombiwagen, die alle zuverlässig und erprobt, preiswert in Kauf und Betrieb, niedrig in Steuer und Verbrauch sind. Aus diesen Wagen läßt sich mit sehr wenig Aufwand ein brauchbares Wohnauto herrichten, das so bequem wie ein Personenwagen zu fahren und gemütlich zu bewohnen ist.

Der einzige, nicht zu bessernde Nachteil (um diesen vorwegzunehmen) eines solchen Wohnautos ist der, daß in ihm nach Gesetz und Recht nicht mit offenem Feuer geheizt noch gekocht werden darf. Obwohl dieses Gebot ungerechtfertigt erscheint, weil ja zum Rauchen beliebig viele Zündhölzer entflammt werden dürfen, wird man sich doch daran zu halten haben. Wenn es erst auch einen Kleinwagen mit Dieselmotor gäbe, wäre dieses Problem gelöst. Vorerst muß man sehen, wie man halt außerhalb des Wagens kocht, auf Campingplätzen mit Küchendach oder Feuerstellen tut man das ja sowieso.

Nun heißt es, unter den verschiedenen Wagen den zusagenden und geeigneten zu finden. Es gibt ja alle denkbaren Ausführungen: mit dem Motor hinten, in der Mitte und vorn; mit normalem und Vorderradantrieb, mit Zwei- und Viertaktmotor (wichtig wegen der Bremswirkung am Berg!), mit Luft- und Wasserkühlung. Wichtig vor allem ist bei der Auswahl eines Wohnautos die Größe des Wagenkastens, wie sie serienmäßig erhältlich ist. Die freie Innenmasse sollte möglichst so reichlich sein, daß sich einigermaßen aufrecht stehen läßt (dazu muß vor allem der Boden so niedrig wie möglich liegen), daß neben den Betten noch Platz bleibt zum Ausziehen und auch lange Leute ausgestreckt liegen können. Diese Wünsche erfüllt (leider) einzig die eine Wagenmarke mit Frontantrieb, die vom Fahrersitz bis zur hinteren Türe großen freien Raum, von keinerlei Triebwerk eingeschränkt, und einen tief liegenden Boden aufweist. Hat man die Mittel, sich einen Aufbau nach eigenen Mitteln anfertigen zu lassen, so stehen auch Chassis mit größerem Radstand und breiterer Spur zur Verfügung. Doch schon der serienmäßige Kombiwagen in seiner preiswerten Ausführung mit vier seitlichen Fenstern und hinterer Türe hat Raum genug, daß vier Erwachsene, zur Not drei, bequem darin schlafen können. Auch ist dieser Wagen der einzige, der durch einen wegklappbaren Beifahrersitz erlaubt, vom Fahrersitz nach hinten durchzusteigen, ohne nach draußen zu müssen. Obwohl dieser Wagen wegen seines kleineren Zweitaktmotors einen etwas geringeren Reisedurchschnitt als Kleinbusse mit stärkerem Motor ergibt, habe ich selbst die eben begründete Wahl auch nach mancherlei Erfahrungen als zweckdienlich gefunden. Mit recht bescheidenen Mitteln läßt sich ein solcher Kombiwagen zum Wohnwagen einrichten: Der Schreiner baut die Truhenbank mit Klapplehne, die mit Schaumgummi gepolstert wird; er baut ferner einen großen Tisch, dessen geteilte Platte zwischen die Radkästen paßt: er wird mit etwa 1 auf 1 m auch groß genug für die ganze Familie. Seine Tischbeine sind scherenförmig zusammenzulegen. Die Platte gibt, halb eingeklappt, eine zweite Sitzbank, wenn sie auf die Radkästen aufgelegt wird.

Die Bank, die für zwei Fahrgäste Platz bietet, wird beim Fahren mit einem starken Bolzen an den Boden angeschraubt, der Vorschrift entsprechend, daß keine losen Sitze benutzt werden dürfen. Ihre Lehne wird an der Seitenwand eingeriegelt. Zum Wohnen tagsüber kann man die Bank nach Belieben längs an eine Seitenwand stellen oder rückwärts gegen die Fahrerbank und so mit dem Tisch und den zusätzlichen Klappstühlen ein ›Speisezimmer‹ einrichten. Zum Schlafen wird sie ebenfalls abgeschraubt und mit flachgeklappter Lehne als vordere Betthälfte benutzt. Während die Tischplatte zwischen die Radkästen gelegt als zweite Hälfte dient. Und unter ihr hat dann das Gepäck noch genügend Platz. Schaumgummi- oder Luftmatratzen werden aufgelegt. So entsteht ein breites Doppelbett, dessen Leinenzeug und Steppdecke innerhalb der Truhe staubdicht und sauber verwahrt sind.

Zwei weitere Lager gewinnt man leicht, indem man zwei der üblichen Feldbetten aus Stahlrohr oder mit Holzgestell und mit Gurt- oder Plastikbespannung mittels Karabinerhaken und Riemen an die Träger und

Unterzüge des Daches anhängt. Die Wagenhöhe ist für solch zweistöckiges Schlafen ausreichend. Allerdings sind zwei obere Betten nur für Kinder erreichbar, am besten noch durch die Hintertür einschlüpfen, wie die Brotlaibe in den Backofen. Doch kann auch ein Erwachsener in ein Oberbett bequem einsteigen und gut liegen. Tagsüber werden die beiden Feldbetten zusammengeklappt über den Radkästen an beiden Seitenwänden festgeschnallt und nehmen so kaum Platz weg.

Das weitere Zubehör ist nicht mehr der Rede wert: Gardinen an allen Fenstern (auch hinter der Windschutzscheibe) sind leicht anzubringen, eine zusätzliche Lampe und eine zweite Steckdose für die Handlampe oder den Zigarettenanzünder ebenfalls. Zum Schluß wird das Dach unterwärts mit Wellpappe und Spannstoff verkleidet, um allzu starke Sonnenwärme und Schwitzwassser in den kühlen Nächten zu vermeiden, und die Seitenwände mit Preßplatten abgedeckt, wenn dies nicht schon vorhanden ist.

Soweit wäre der Wagen als Wohnwagen fahrbereit. Mit einigem Mut und leichter Mühe kann man sich dazu ein Zelt, an den Wagen passend, aus Zeltstoff oder Markisendrell selbst nähen (Materialkosten etwa 120 Franken). Es ist keine besondere Kunst, wenn man vorher die Masse nach der Stoffbreite festlegt und sich ein Schnittmuster in kleinerem Maßstab anfertigt. Die langen Nähte von einigen -zig Metern lassen allerdings selbst den Nähmaschinenmotor warm werden. Man macht das Zelt, bei wenig fallendem Pultdach, ebenso hoch wie den Wagen, damit seine Vorderwand auf das Wagendach aufgelegt werden kann. Man erhält so eine zusammenhängende ›Zimmerflucht‹ mit einem Durchgang vom Wagen durch die hintere Tür ins Zelt; man hat aber trotzdem einen freien Vordereingang in den Wagen. Das Zelt kann nämlich auch frei stehen, wenn der Wagen weggefahren wird und die Vorderwand dann geschlossen ist. Vier lange Reißverschlüsse erlauben es, nach Belieben jede der vier ziemlich steilen Seitenwände als Sonnendach hochzustellen. Ein Doppeldach aus Gummistoff hält dem stärksten Dauerregen stand. Einen wasserdichten Boden braucht dieses Zelt, im Gegensatz zu den üblichen Sportzelten, nicht zu haben, weil man nicht darin herumkriecht, sondern steht, und nicht auf dem Boden schläft, sondern in den Feldbetten, die nicht nur im ersten Stock, sondern auch hier ihren Dienst tun – auch als Liegestuhl tagsüber. Hat man zum Überfluß einen Gepäckträger auf dem Wagendach, der eigentlich überflüssig ist, so kann man dessen Rost als Fußboden in das Zelt legen, wenn der Campingplatz sandig oder feucht sein sollte.

Das Wohnauto im Einsatz

Als letztes möchte ich aus Mitleid mit der auch beim Campen vielbeschäftigten Hausfrau unbedingt empfehlen, eine Kochkiste mitzunehmen und einen Satz zugehöriger Kochkistentöpfe mit einzuklappenden Henkeln. Es gibt so oder so keine Sportkocher oder -töpfe, die für eine große Familie ausreichen würden.

Und es ist nichts bequemer und zeitsparender, als über Tag während einer Fahrt das warme fertige Mahl aus der Kochkiste zu holen, das am Abend zuvor in aller Gemütlichkeit angekocht wurde. Die Kochkiste kann als weiterer Sitz dienen, wenn sie ebenfalls in den Anmessungen der Sitzbank und mit einer Klapplehne angefertigt wird und ferner im Wagen angeschraubt werden kann.

Die jetzt fertiggestellte Kombination von Wohnwagen mit angebautem Zelt stellt meines Erachtens eine recht gute Annäherung an den Idealfall dar.«

Alle wesentlichen Punkte, die das Wohnauto angehen, hat der umsichtige Freizeitcamper in seinem Bericht angesprochen – natürlich auf dem Stand des Jahres 1954. Die Autokonstrukteure, die sich um die Entwicklung der Wohnmobile gekümmert haben, werden solche Berichte aufmerksam verfolgt haben. Nicht selten führen noch heute Hinweise von Tüftlern zu brauchbaren Verbesserungen in manchen Serienausführungen.

Bevor wir anhand einiger Firmen, die bis heute auf dem Markt vertreten sind, der jungen Geschichte der Wohnmobile nachgehen wollen, ist ein Blick auf die gängigen Grundmodelle angebracht.

Wesentliche Voraussetzung für die Wohnwagen mit eigenem Motor sind die Basisfahrzeuge. Die Fahrwerke von gängigen Kleintransportern bilden die Grundlage der Motorcaravans. Auf das Chassis werden Wohnkabinen aufgesetzt. Je nach Art des Aufbaus unterscheidet man Kompakt-, Alkoven- und vollintegrierte Wohnmobile. Die kompakten sind schmaler und niedriger als die Alkoven-Modelle, die liebevoll »Nasenbär« genannt werden, weil der Aufbau über dem Fahrerhaus weitergeführt wird, um eine zusätzliche Schlafgelegenheit zu schaffen. Von vollintegrierten spricht man, wenn Führerhaus und Wohnraum eine Einheit bilden.

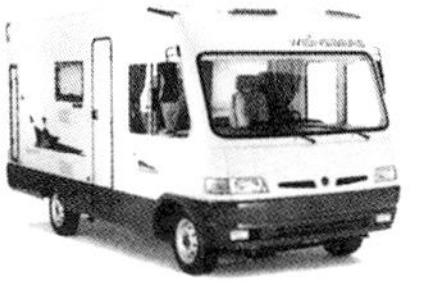

Drei Ausführungen einer Idee

Alle drei Varianten lassen sich leichter fahren als ein Gespann aus PKW und Wohnanhänger. Natürlich kostet ein solches Gefährt viel Geld, aber die Vorteile der kompakten Variante liegen auf der Hand.

Bevor man sich als potentieller Käufer die Mühe macht, die einzelnen Modelle der verschiedenen Anbieter zu vergleichen, sollte man sich über ein paar Grundvoraussetzungen klarwerden. Wie groß soll das Ganze sein? Brauche ich das Fahrzeug auch für andere Zwecke? Wieviel Gewicht will ich zuladen dürfen? Welche Ausrüstung brauche ich tatsächlich? Wie hoch ist der Benzinverbrauch? Und natürlich: Wieviel Geld will ich ausgeben? Ob ein Kleiner, ein Mittlerer oder einer der Großen, die Entscheidung wird letztlich von der Qualität und der Ausstattungsfülle abhängen.

Bei den kleinsten Kompakten wird das Wohnen und Schlafen unterwegs auf weniger als drei Quadratmetern stattfinden. Diese Fahrzeuge, die über die Maße eines Kleinbusses nicht hinausgehen, eignen sich für zwei Personen, die sich gut verstehen, und lassen sich bequem fahren. Auch kleinere Gerichte lassen sich kochen, für Menüs aber ist die Kochecke weniger geeignet. Die Preise liegen hier schon zwischen DM 50 000,– und DM 60 000,–. Dafür gehören Kleiderschrank, Heizung, Kocher und Spüle, Kühlschrank, Sitz- und Liegefläche und ein Tisch zum Standard.

Die Mittleren mit ca. 6,5 m Länge und 2,2 m Breite sind meist schon mit einer funktionalen Sitzgruppe ausgestattet und einem Toilettenteil. Die bis zu DM 80 000,– gehende Klasse ist schon familiengerechter, denn je nach Ausbauvariante können die Kinder im Alkoven über dem Fahrerhaus ihr Schlafreich beziehen. In diese Kategorie gehören auch die »Pick-up-Camper«, also Pritschenwagen, denen die Wohnzelle wie eine Schachtel aufgesetzt wird. Vorteil: Man kann vor und nach dem Urlaub den Wagen als Lieferwagen benutzen. Die Kombinationsidee aus den USA ist recht praktisch, aber auch hier empfiehlt sich eine genaue Kalkulation: Eine Wohnkabine kostet zwischen DM 30 000,– bis DM 40 000,–, dazu kommen dann noch die Anschaffungskosten für den entsprechenden Pick-up.

Die integrierten Wohnmobile wirken schon eher wie private Reiseomnibusse. Ab einem zulässigen Gesamtgewicht von 3,5 t gelten sie als Lastkraftwagen. Die Einstufung ist zwar steuerlich günstiger, doch gelten für sie dann die entsprechenden Verkehrsregeln für LKWs wie Tempolimit und Überholverbote. Platz ist bei diesen Modellen auf den ca. 8 bis 9 Metern mehr als genügend vorhanden. Wer sich für diese Variante entscheidet, hat oft mehr im Sinn, als drei Wochen im Jahr in Urlaub zu fahren.

Einige wandlungsfähige Vorfahren

Zwar berichtete die *Allgemeine Auto Zeitung* in den zwanziger Jahren vereinzelt von Motor-Hauswagen, die als Ahnen des heutigen Reisemobils gelten, aber die Entwicklung setzte in Deutschland erst nach dem Zweiten Weltkrieg ein. Die westfälische Firma Mikafa, die u. a. Luxus-Wohnwagen auf Bestellung fertigte, war die erste, die auf der Basis von Lieferwagen Wohnmobile serienmäßig produzierte. Es handelt sich keineswegs um notdürftig ausgestattete Kästen, sondern um formschöne Reisemobile, die nach Kundenwunsch auch als Büro- oder Konferenzwagen ausgebaut werden konnten. Diese Fahrzeuge waren groß und teuer, die Fahrgestelle gehörten der 1,5-Tonnen-Klasse an, deshalb nannte man sie auch spöttisch »die Dinosaurier«.

Auf diesen Vorstoß reagierten die Bremer Lloyd Motoren-Werke mit einem Großraum-Personenwagen als Freizeitmobil. Das Fahrzeug wurde erstmals 1959 in New York ausgestellt, und bald lieferte man die vollständig zum Essen, Schlafen und Wohnen ausgestatteten Gefährte auch in größerer Stückzahl. Es hatte den unschätzbaren Vorteil, daß sich die Campingausrüstung beliebig oft ein- und ausbauen ließ und somit auch anderweitig genutzt werden konnte. Aber der Konkurs der Borgward-Werke beendete den hoffnungsvollen Ansatz.

Der Campingbus auf der Basis des VW-Transporters gilt in Deutschland schlicht als der Ahne aller Motorcaravans. 1951 wurde der erste einfach, aber zweckmäßig ausgestattete Campingbus von den Westfalia-Werken auf den Markt gebracht. Westfalia hatte sich schon jahrzehntelang im Wohnwagenbau hervorgetan, es war also ein folgerichtiger Schritt, auch Campingbusse auszurüsten. Und mit dem VW Bulli, wie er bis heute liebevoll genannt wird, hatte man ein Basisfahrzeug, das sich für einen solchen Ausbau geradezu anbot und auf großes Interesse stieß. Es waren fast ausschließlich abenteuerlustige Zeitgenossen, die sich damals zum Kauf eines Campingbusses entschlossen. In den Jahren, in denen viele Deutsche mit dem Goggomobil oder mit dem Vesper-Roller höchstens eine Alpenüberquerung wagten, um in sonnige Gefilde zu gelangen, unternahmen die Besitzer von VW-Campingbussen bereits Streifzüge durch den Orient, durch Afrika und Asien.

Die Inneneinrichtung dieser Busse bestand meist aus einem massiven Schrank, der je nach Bedarf als Stauraum und Ablage oder in einem heruntergeklappten Zustand als Doppelliege genutzt werden konnte. Als besonders praktisch erwies sich, daß die gesamte Einrichtung, die »Camping-Box«, mit wenigen Handgriffen ein- und ausgebaut werden konnte, um dann im Haus oder in der Wohnung als Gästebett zu dienen. Gas und Spirituskocher rundeten das Lieferprogramm ab. Wollte man mehr Komfort, mußte man selbst Hand anlegen.

Eine wesentlich verbesserte Variante des Campingbusses wurde 1956 auf den Markt gebracht. Der Freizeit-Transporter hatte nun eine 30-PS-Maschine, verfügte neben Doppelliege und Herd auch über einen Klapptisch in der Wagenmitte und einen Kühlschrank im Heck. Eine kleine Deckenklappe ermöglichte zumindest mal ein kurzes Aufrechtstehen und sorgte für ausreichende Belüftung. Auf Sicherheit legte man damals noch nicht so großen Wert wie heute, die Gasflasche wurde einfach im Heck untergebracht.

Dachgepäckträger und ein buntes Vorzelt waren als Sonderbehör lieferbar. Sehr beliebt war der VW-Campingbus vor allem auf dem amerikanischen Markt. In das Exportmodell wurde der Original Enders Kocher No. 9065 D eingebaut. Ein explosives Ungetüm, das mit Benzin betrieben wurde und in einem Extrakoffer untergebracht war. Zusätzliche Liegefläche wurde dadurch gewonnen, daß die Rücklehne der Fahrerbank nach hinten umgelegt werden konnte. Im Laufe der Jahre wurden die Sitzbänke

Der »Dinosaurier«

bequemer, ein Toilettenschrank mit Spiegel und Waschtisch wurde in die Seitentür eingebaut, und eine Veranda war möglich geworden, die über eine ausfahrbare Leiter erstiegen werden konnte.

Das Exportmodell wurde erstmals mit einer tragbaren Toilette ausgestattet, was damals, 1961, eine kleine Sensation war. Die wesentlichste Neuerung im folgenden Jahr war das Ausstelldach. Die Zeit der Zwerge war vorbei, nun konnte man aufrecht in seinem kleinen Heim stehen – und es nach und nach immer wohnlicher gestalten, denn die Einrichtungssätze waren einzeln zu haben.

Westfalia ist heute Ausbauer für VW-eigene Produkte wie »Multivan« oder »California«, die Nachfolgemodelle des legendären Bullies. Aber auch der »James Cook« auf Mercedes Sprinter, der »Marco Polo« auf Mercedes Vito und »Nugget« auf Ford Transit sind Westfalia-Ausbauten, die die jeweiligen Fahrzeughersteller unter dem eigenen Firmen-Label verkaufen.

Die beiden Ölkrisen Mitte der siebziger Jahre hemmten vorübergehend auch die Weiterentwicklung von Wohnmobilen, denn die angebotenen Modelle verbrauchten damals allesamt viel Benzin, viel mehr als heute.

Den Ausbau genießen

Nachdem die Benzinpreise sich wieder eingependelt hatten, wurde die Entwicklung von Motorcaravans erneut vorangetrieben.

Der Bestand an zugelassenen Motorcaravans hat sich in der Bundesrepublik Deutschland in den letzten zehn Jahren fast verdoppelt, von 174 838 auf 329 529 Stück im Jahr 1997, wie der Verband der Deutschen Wohnwagen- und Wohnmobilhersteller meldet. Ferner wechselten während dieser Zeit 58 500 gebrauchte Motorcaravans ihre Besitzer. Die Exportrate von deutschen Wohnmobilen in das europäische Ausland liegt bei 35 Prozent der Produktion. Die Modelle, die man heute auf der Straße sieht, ähneln sich nicht nur äußerlich, auch in der Innenausstattung wird es für die Hersteller immer schwerer, mit neuen Lösungen Unterschiede zu setzen. Bleibt die Qualität der Verarbeitung und die Fülle an Komfort, die den Wettbewerb bestimmen. Die monatlichen Testberichte in den Fachzeitschriften sind das Barometer für Industrie und Verbraucher. Als Vergleichskriterien gelten Wohnraum, Aufbau, Bordtechnik, Abmessungen und Gewicht, Basisfahrzeug und Grundpreis.

Unter Punkt Wohnraum werden Sicherheitsgurte, Material der Möbel, Anzahl der Schränke, Bettmaße, Kochvorrichtungen, Kühlschrank, Du-

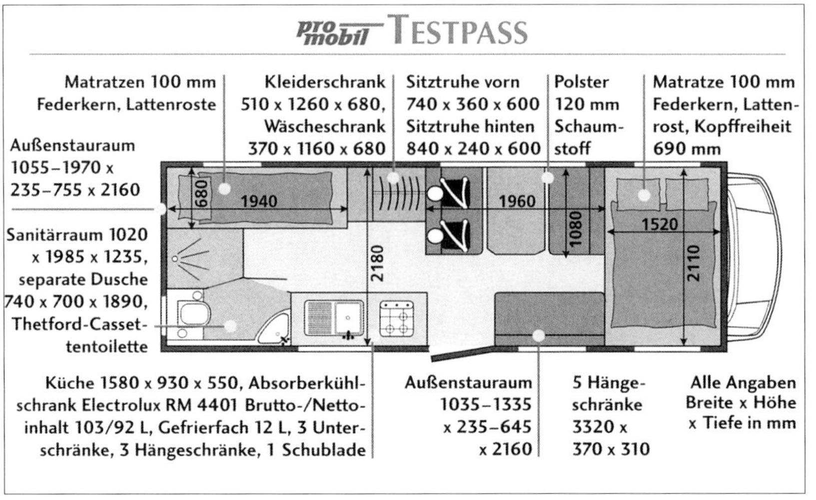

sche und Toilette unter die Lupe genommen. Im Bereich Aufbau geht es um die Ausführung der Sandwichbauweise, die verwendeten Isolierstoffe und die Qualität der Fenster.

Bei Bordtechnik werden Heizung, Batterieladegerät, Frisch- und Abwassertank, Gasflaschen und Bordbatterie in Augenschein genommen. Die Maße, Leergewicht und zulässiges Gesamtgewicht sind ein Indiz dafür, wie gekonnt und in welcher Qualität der Komfort eingebaut wurde. Die Daten des Basisfahrzeuges entscheiden über Benzinverbrauch und Fahreigenschaften. Wenn alle diese Punkte ausreichend geprüft sind, bleibt der Preisvergleich, wobei der Endpreis und nicht der Grundpreis ausschlaggebend für jede Endscheidung sein sollte.

Stellplätze

Doch mit der Anschaffung des Motorcaravans allein ist es nicht getan. Es stellt sich unmittelbar danach die Frage nach guten Stellplätzen auch außerhalb der eingerichteten Campingplätze. Hierfür wird an immer mehr Orten in Europa gesorgt. Mit der rapiden Zunahme an Motorcaravans war es notwendig geworden, den neuen »Wildcampern« Orte zuzuweisen, damit sie mit ihren rollenden Häusern nicht die Parkplätze der Städte und

Gemeinden blockieren und Sehenswürdigkeiten von mobilen Wohnzimmern umstellt werden.

Mit Stellplatz-Atlanten werden die Freizeitmobilisten auf die entsprechenden Plätze geleitet, damit auch die umweltfreundliche Entsorgung ihrer Schmutzwassertanks garantiert ist. Im promobil-Atlas, Ausgabe 1998/99, heißt es zu diesem Thema:

»Geld stinkt nicht, wußten schon die alten Römer, die das erste Fäkalien-Transport-Unternehmen erfanden. Gegen klingende Münze wurden die Verdauungsreste abgeholt und in die Cloaca maxima, den Zentralkanal der Hauptstadt des Römischen Reiches, gekippt. Beim Reisemobil-Touristen von heute ist es genau umgekehrt – jeder ist sein eigener Kloaken-Kutscher. Ab einem gewissen Füllstand von Tanks und Toiletten ist er genötigt, nach einer umweltgerechten Entsorgungsstelle Ausschau zu halten.«

Aber der Stellplatz-Atlas gibt nicht nur Tips für umweltfreundliches Verhalten, sondern informiert auch über Ort und Lage der Plätze und übt Kritik. Hier ein aktuelles Beispiel:

»St. Peter-Ording hatte die Nase vorn. Im Frühsommer 1992 eröffnete der beliebte Urlaubsort den ersten Reisemobil-Stellplatz an der schleswigholsteinischen Nordseeküste. Bürgermeister Helmut Sieg wollte mit der Freigabe des Geländes das verbotene Parken am Strand unterbinden und auch eine Alternative zu ausgebuchten oder wenig reisemobilfreundlichen Campingplätzen anbieten. Rund 200 Einheiten können auf dem großen Sonderparkplatz im Ortsteil Dorf stehen.

Eine Entsorgungsanlage, Mülleimer und zwei kleine Sanitärhäuschen bilden die Ausstattung des gebührenpflichtigen Reisemobil-Stellplatzes. Inklusive Kurabgabe beträgt die Übernachtungsgebühr in der Saison 1998 pro Mobil und Nacht 15 Mark. Ein Preis, den viele Motorcaravaner akzeptieren würden, wenn nicht einige unglückliche Umstände zusammenkämen.

Ärgerlich ist beispielsweise die Regelung, daß der Platz erst um 18 Uhr geöffnet wird und nur bis etwa zehn Uhr morgens zur Verfügung steht. In der Zwischenzeit müssen sich die mobilen Gäste in dem beliebten Urlaubsort einen Tagesparkplatz suchen. Ferner kann es in der Hochsaison auf dem Platz zu Schlangen vor und Verschmutzung in den Sanitärhäuschen kommen. Lärmempfindliche Menschen klagen überdies über den Autoverkehr, der sich an Wochenenden vor der nahen Diskothek bemerkbar macht.

Probleme bereiten allerdings auch immer wieder Reisemobil-Touristen. Nachts bleiben oft Dutzende Mobile auf den Strandparkplätzen stehen – verbotenerweise und zum Ärger der Umweltschützer, die um das Wattenmeer fürchten. Mehr noch, die Motorcaravaner bringen sich selbst in Gefahr. Gerade im Spätsommer und Herbst könnte eine Springflut allzu leichtsinnige Landratten schnell in Seenot bringen.«

Anspruchsvoll, kontaktfreudig und unabhängig, das sind die Motive der Motorcaravaner, die sich vom »Otto-Normal-Urlauber« deutlich unterscheiden wollen. Die Reisemobilisten nehmen ihr Ziel selbst in die Hand: Abstand zum Alltag finden sie durch die Freiheit, souverän über Zeit und Ort entscheiden zu können. Ob dies auch immer tatsächlich gelingt, sei dahingestellt.

Treue Begleiter – vom Faltkanu bis zum Surfbrett

Camping und Wassersport gehören zusammen wie der Wind und das Meer. Wer erinnert sich nicht gerne an die Kinderzeit, in der manch alter Autoreifen zu einem Ozeandampfer wurde?

Camper zieht es immer ans Wasser. So wurde das Boot, in welcher Form und Bauart auch immer, zum wichtigen, fast unentbehrlichen Requisit.

In einem Boot zu fahren, sei ein menschlicher Urtrieb, behaupten eingefleischte Kanufahrer. Sie untermauern ihre These mit der Lehre von den Archetypen des Psychoanalytikers C. G. Jung, der in seinen Schriften öfter das Bild von einem geistigen Urbild-Boot braucht, indem er anführt, daß selbst für einen Menschen, der es ablehnt, sich auf ein so unsicheres Element wie das Wasser zu begeben, das Boot als platonische Idee existiert. Als Urahne aller Boote gilt das Kanu, das bis heute alle Merkmale seines Ursprungs trägt. Ob Kunststoffkajak, Kanadier oder Segelkanu, allen Typen ist gemein, daß sie wendig und auf jedem Wasser zu Hause sind. Wesentliches Merkmal aller Typen ist, daß sie außerhalb des Wassers leicht zu transportieren sind.

Die Bootsbauer haben durch die Jahrhunderte immer wieder bewährte Boote modifiziert, sei es in der Form oder durch neue Materialien. Trotz der Modellvielfalt der Boote ist der Hang zum Ursprünglichen im Sport- und Freizeitbereich ungebrochen. Auch das Kanu der nordamerikanischen Indianer wird zwar heute meist aus widerstandsfähigem Polyester angefertigt, aber noch immer weckt es Phantasien. Wie oft ist man zum Bei-

Indianisches Ulmenrindenkanu um 1825

spiel mit den Helden von Karl May in einem Kanu zu den berühmten Wasserfällen gepaddelt, um ruhig Fische zu fangen oder aber in wilder Flußfahrt fremden Horden zu entkommen. Solche Horden tauchen auch heute noch auf; ausgerüstet mit Schlauchboot, Surfbrett und Motorbooten rücken sie einem an schönen Sonnentagen auf den Pelz. Wer Ruhe haben will, der rudert oder segelt weit hinaus auf den See oder sucht sich einen schönen Fluß und läßt sich von der Strömung weit abtreiben.

Kanufahrer, die sich in kleinen und leicht transportablen Booten bewegen, sehen ihre Anfänge in den von englischen Kapitänen aus den Kolonien in Übersee mitgebrachten »canoes« und Kajaks, die sie bei den Eingeborenen entdeckt hatten. Die Seeleute waren fasziniert von den mannigfaltigen Verwendungsmöglichkeiten dieser Boote. Ob für eine oder mehrere Personen gebaut, die wendigen und leicht transportablen Boote wurden für die Jagd, die Reise oder zum Transport genutzt. Das heute gebräuchliche Wort Kanu hat seinen Ursprung im spanischen »canagua«, das wiederum Vorfahr des englischen »canoe« zu sein scheint. Ursprünglich handelte es sich um Boote, die aus Baumrinde oder aus Tierhaut gefertigt und mit Paddeln oder Segeln angetrieben wurden. Oft war ein solches Boot das einzige Verkehrsmittel zwischen den Siedlungen. Ob der einsame Trapper, der seine Felle zu einem Handelspunkt brachte, oder die Indianerfamilie, die sich auf den Weg zu einem Fest machte, die Boote wurden in allen Größen gefertigt. Diese Gebrauchsboote der Indianer sind die Ahnen unserer Freizeitboote.

Kanufahren hat bis heute nichts von seiner Faszination verloren, weil es nicht saisonabhängig ist, sondern (in unseren Breiten) eine Ganzjahressportart mit großem Erholungswert. Kanufahren ist leicht zu erlernen, nicht teuer und einfach zu organisieren. Man kann es in jedem Alter betreiben, und man kann den Kanadier leicht mit zwei Leuten oder mehr fahren. Also ein idealer Spaß für die ganze Campingfamilie.

Das Kajak, das vorwiegend aus den nördlichen Regionen stammt, ist ideal zum Fischen zwischen Eisbergen und für die Jagd auf Robben und Wale. Bei den Inuit-»Menschen«, wie sich die Robbenjäger der Eisküsten nennen – denn Eskimo ist für sie ein Schimpfwort, weil es »Blutfresser« bedeutet –, war das Kajak jahrhundertelang lebenswichtig. Sein Gerüst wird aus Hölzern von Zwergbäumen oder Walknochen gefertigt. Die Haut stammt von erlegten Tieren. Einige hundert Arbeitsstunden lang hat eine Inuit-Frau die Haut zu kauen, damit sie weich und geschmeidig wird. Um die Spanten gespannt, werden dann die Häute wasserdicht vernäht. Heute sind die Kajaks als Jagdboote weitgehend von Motorbooten verdrängt worden, dafür hat das Kajak bei uns als Sport- oder Wanderboot eine hohe Bedeutung erlangt. Das Kajak wird mit einem Doppelpaddel vorwärts bewegt und läuft daher kursstabil und schnell. Besonders in Wildwassern ist es ideal, mit seiner Spritzdecke und der Schürze wird der Innenraum geschützt. Ein kleines Hecksteuer sichert den Kurs.

Die Kajaks der Eskimos sind die Vorläufer der Faltboote. Doch in der Geschichte gibt es noch Hinweise auf Kajaks von besonderer Größe und aus anderen Breiten. Herodot etwa, der griechische Geschichtsschreiber aus der Zeit um 420 v. Chr., beschreibt auch eine Art Faltboot, das seine Aufmerksamkeit erregt hat. Bei diesem Boot handelte es sich um einen »faltbaren« Handelstransporter. Das Schiff soll folgendermaßen aufgebaut gewesen sein: um ein aus Weiden geschnittenes Gerippe wurden als Planken wasserdichte Ziegenhäute gespannt. Als Auftriebskörper wurden die doppelt genähten Häute wahrscheinlich mit Stroh gefüllt. Die Ausmaße sind nicht überliefert, doch da es Besatzung, Esel und Waren von Griechenland nach Babylon brachte, muß es einiges an Volumen gehabt haben. Dort wurden Ladung, Rippen und Stroh verkauft. Die gefaltete Haut der Boote brachte man auf dem Rücken von Eseln wieder nach Hause, wo sie abermals auf neue Rippen aufgezogen wurden.

Eines der ersten Faltboote wurde aber von einem amerikanischen Geometer Mitte des letzten Jahrhunderts erfunden und gebaut, der sich offenbar nicht bewußt war, welche Zukunft seinem Fahrzeug beschieden sein sollte. Ein gewisser Verplanck Colvin hatte im Auftrag der Regierung der Vereinigten Staaten in einer unwirtlichen Gegend Vermessungen vorzunehmen. Das Gebiet war durchzogen von Bergen, Wäldern und Seen. »Ich hatte auch ein Segeltuchboot, eine eigene Erfindung, konstruiert für den Gebrauch auf denjenigen Seen im Innern der Wildnis, die mit gewöhnlichen Booten nicht erreicht werden konnten und die trotzdem vermessen werden mußten. [...] Dieses Boot war eigenartig; man benötigte dazu nicht mehr Holz, als in einer halben Stunde im nächsten Dickicht geschlagen werden konnte. Es war 12 Fuß lang, mit einem dünnen Messingblech im Bug, an dem das Kielschwein und die Längsstäbe festgemacht werden konnten. Das Segeltuch wurde wasserdicht gemacht mit reinem, in Naphtha aufgelöstem Gummi.« Die erste Reise in seinem Boot schildert Colvin so: »Der 12. September wurde für die Nivellierungen und topographischen Arbeiten in Ampersand, einem einsamen, von Bergen eingeschlossenen See, verwendet. Um die hydrographischen Arbeiten zu vollenden, mußten wir es nun notgedrungen mit meinem tragbaren Segeltuchboot versuchen, welches bis jetzt als Bett oder Zelt gedient hatte. Wir schnitten grüne Ruten für das Gestell, rollten das Segeltuch auseinander und befestigten das Holz darin, indem wir es mit einer Schnur zusammenbanden. In kurzer Zeit schwamm unser Segeltuchboot wie ein Kork auf dem Wasser. Die Führer, die sich nicht hatten vorstellen können, daß der nichtige Sack, den sie getragen, als Boot verwendet werden könnte, waren ganz außer sich. Rohe, aber taugliche Paddel wurden hastig aus dem Holz des nächsten Baumes geschnitten, und bald glitten wir alle in unserem fünf Kilo schweren Boot über die Wellen von Ampersand, welche im morgendlichen Sonnenlicht erstrahlten. Für die Führer war das Boot etwas Erstaunliches. Sie konnten sich des Lachens nicht enthalten bei der Feststellung, daß das Boot wirklich seetüchtig war, und deuteten mit Erstaunen auf die sich kräuselnden Wellen, die man auf der Innenseite des Segeltuches sehen konnte.« Nachdem eine ausgezeichnete Karte des Sees erstellt worden war, berichtet Colvin weiter: »Unser Gepäck war rasch verstaut, und nachdem wir das vorübergehend gebrauchte Gestell des Bootes herausgenommen und weggeworfen hatten, rollten wir unser Boot zusammen und stopften es in unsere Tornister.« Vollends überzeugt waren seine Führer, als das Segeltuchboot mehrmals mit gleichem Erfolg optimal genutzt wurde.

Was für den amerikanischen Vermesser eine Notwendigkeit war, unternahm man in England zum Freizeitvergnügen. Man erkundete Gewässer mit kleinen Booten, nur zum Vergnügen. Englische Studenten brachten diesen neuen Sport am Ende des 18. Jahrhunderts nach Deutschland. Ein Engländer war es auch, der erstmals Erlebnisse seiner Flußfahrten aufzeichnete. In *Camping Voyages on German Rivers* beschreibt George MacDonnell seine Erfahrungen außergewöhnlich plastisch: Mit Flußstreifenkarten und Zeltplatzhinweisen gibt er viele Tips, offensichtlich mit dem Gedanken, daß ihm viele folgen sollten. Seine Reise wurde noch nicht von Staudämmen und Flußbegradigungen behindert, seine Lagerplätze konnte er nach eigenem Gutdünken wählen. Ein weiterer Pionier des Flußwanderns war der Schotte John MacGregor, der um 1850 mit seinem nachgebauten Grönländerkajak, aus Holz, dessen Rumpf geklingert war und das er »Rob Roy« nannte, ausgedehnte Flußfahrten auf Mosel, Rhein, Donau und anderen Gewässern in Europa und dem Vorderen Orient unternahm.

In Deutschland entwickelte sich das Paddeln und Flußwandern Ende des 19. Jahrhunderts immer mehr zu einem beliebten Volkssport. 1914 gründete man schließlich den Deutschen Kanu-Verband, der sich um die Belange der Kanu-Begeisterten im ganzen Reich kümmern sollte. In ihm schlossen sich die überall entstandenen Fluß- und Rudervereine zu einem Dachverband zusammen. Dieser Verband wird als der Pate des deutschen

MacGregor auf der Donau im »Rob Roy«-Canoe, hier in Tuttlingen

Campings genannt, denn zur Wanderfahrt im Boot gehörte das Zelten oder Biwakieren. Oft wurde das Boot einfach halbschräg aufgestellt, eine Plane darübergezogen, es schützte vor Regen, und man konnte darunter schlafen. Eine Bootsfahrt war zu dieser Zeit in aller Regel auch eine Zelttour. Das Giebelzelt, das um diese Zeit auf den Markt kam, bot mit seinem Überdach einen Schutz gegen Sonne und Regen, ein Luxus, der von den Flußwanderern gerne genutzt wurde.

Das erste brauchbare deutsche Segeltuch- oder Faltboot entwickelte Walter Heurich. Als Architekturstudent hatte er viele Versuche unternommen, die Segeltuchhaut zu imprägnieren, selbst sein Prototyp »Delphin« saugte noch kräftig Wasser, weswegen seine Konstruktion oft als »Lumpenkreuzer« bezeichnet wurde. Mit seinem »Luftikus«-Modell, das er für eine Bahnreise in drei Taschen zu je 5 Kilo verpackt hatte, unternahm er eine 50 Kilometer lange erfolgreiche Tour auf der Isar. Das Datum 30. Mai 1905 gilt als die Geburtsstunde des Faltbootes in Deutschland.

»Da fuhr eines schönen Sommertags ein junger Student in einem seltsamen, von ihm selbst erbauten Fahrzeug die hochgehende Isar von Tölz herab. Als er nach 5 Stunden im Münchener Floßhafen das Boot an Land brachte und begann, ihm die Rippen aus Pfefferrohr aus dem Leib zu nehmen und sie säuberlich in einer Tasche zu verstauen, als er die übriggebliebene Hülle, einen Sack aus Segelleinen, im Rucksack barg, um zuguterletzt das ganze Schiffchen auf dem Rücken an die Trambahn zu tragen, da staunten die biederen Flößer nicht ohne Grund: hatten sie doch die Taufe des (Ur-)Faltkajaks angesehen«, berichtete die interessierte Presse. Viele alte Camper berichteten mir voller Stolz von ihrem Faltboot: »Es war wunderbar. Ein Faltboot ist leicht aufzubauen, stabil, und wenn man es gut pflegte, konnte es für ewig halten.«

Wie immer, wenn sich ein Sport entwickelt, braucht es Superlative, die ihn populär machen. Die Meldung einer aufsehenerregenden Ozeanüberquerung eines Hamburger Arztes mit einem Serienboot der Klepper-Werke (»Aerius-Zweier«) war eine solche Sensation, die nicht nur die Faltbootfahrer begeisterte.

»Eine außergewöhnliche Leistung, die an Mann und Boot härteste Anforderungen stellte, gelang dem 34 Jahre alten ledigen Arzt und Ozeanforscher Dr. Hannes Lindemann aus Bad Oldesloe bei Hamburg. Lindemann überquerte mit einem Faltboot der Klepper-Werke in 72 Tagen den Atlantischen Ozean und landete zu Beginn dieses Jahres auf der Virgin-Insel St. Thomas. Am 20. Oktober hatte er den Hafen von Las Palmas verlassen, und die abenteuerliche Reise mit Kurs West angetreten. Auf seiner Fahrt über das stürmische Meer kenterte er zweimal. Ruder und Mast gingen unter dem Ansturm der tosenden Wogen in die Brüche. Außerdem büßte er beim Kentern seinen Seeanker und den Proviant ein. 3 Wochen lang ernährte sich der junge Arzt von rohem Fisch und Regenwasser und gab sich selbst hypnotische Befehle, sein Vorhaben durchzuhalten. Ein moderner Wikinger hat wieder einmal bewiesen, daß mit Mut und Glück menschenunmögliche Leistungen zu vollbringen sind.« Diese Meldung, die 1957 in der Zeitung *Camping* erschien, erregte Aufsehen. Auch war man in den Klepper-Werken über das Telegramm, das der Abenteurer gleich nach seiner Ankunft in Sankt Thomas aufgegeben hatte, sehr überrascht, denn der Arzt hatte die Fahrt bei dem Hersteller des Bootes nicht vorher angekündigt.

»NACH 72 TAGEN AUF SEE IM AERIUS IN WESTINDIEN GELANDET STOP GRATULIERE ZUR EINZIGARTIGEN FABRIKARBEIT STOP SCHICKT AIRMAIL RUDER FOCK 4 M SPRITZDECKENSTOFF UND PADDELJACKE = HANNES LINDEMANN ST THOMAS YACHT HAVEN.«

Dr. Lindemann in seinem »Aerius«-Faltboot

Doch nicht alle Camper legten sich ein Faltboot zu, für viele tat es auch ein Schlauchboot, denn: »Camping ohne Schlauchboot ist kein Camping«. »Gummikreuzer« oder »Gummigurken« gehören einfach dazu, wenn man mit einem Zelt oder Wohnwagen unterwegs ist. Die Vorteile dieser bauschigen Hüllen sind unbestritten. Man nehme aus einer mittelgroßen Handtasche ein Paket Gummistoff und blase es auf. Das ergibt dann entweder ein Einsitzerboot namens »Neptun« oder einen Zweisitzer namens »Delphin«. Aber alle Typenbezeichnungen und Wortschöpfungen haben das Wort Schlauchboot nicht verdrängen können, es ist zum Sammelbegriff für alle Arten geworden, vom einfachen Badeboot bis zum Boot mit mehrfach unterteilten Luftkammern, das sportlichen Ansprüchen genügt. Die Urahnen der Schlauchboote sind die Seenot-Rettungs-Schlauchboote, die sich gerade auf stürmischer See als flexibler erwiesen haben als ein Holzboot, das von Brechern zertrümmert werden kann. Ein Schlauchboot ist ein sicheres Wasserfahrzeug, die unter Druck stehende Luft in den Schläuchen sorgt für guten Auftrieb. Da die einfachen Ausführungen keinen Kiel haben, schippert manch einer etwas unbeholfen herum, aber gute Kielschlauchboote können schon lange mit richtigen Booten konkurrieren. Das Schlauchboot hat sich zu einem schiffsähnlichen Fahrzeug entwickelt, das gut versteift als Segel- oder Motorboot gute Dienste tun kann. Ob es nun zum Paddeln verwendet wird oder mit einem Außenbordmotor, das Schlauchboot ist nicht unterzukriegen. Und es ist oft die rettende Insel, wenn ein Wasserskier seine Künste überschätzt hat.

Den Vorteil des Schlauchboots – es läßt sich klein zusammenlegen und gut transportieren – versucht man auch für andere Wassersportarten zu nutzen. Zum Beispiel der Windglider von Mistral, der als kompaktes Wasser-Spaßgerät eine Mischung von Boot, Surfbrett und Badeinsel ist. Das 1,2 × 2,5 m große aufblasbare Board, mit gut 3 m hohem Mast und Segel, ist ideal für jeden Anfänger. Der Rumpf eignet sich auch als Kajak, Schlauchboot oder Badeinsel. Das alles läßt sich gut in einer Tasche verpacken, natürlich nur, wenn man den Mast vorher in seine drei Teile zerlegt.

Aber dem gestandenen Surfer ist das zuwenig, er will ein starres Brett, auf dem er aufrecht stehend mit den Wellen kämpft. Kapitän James Cook, der 1778 die Insel Hawaii erreichte, sichtete erstmals die archaischen Surfbretter. Neben Auslegebooten und Kanus war er auch von Surfern begrüßt worden: »Wir fanden Bretter in jeder Größe und Form vor.« Gemeint sind

Für alle Fälle

Bretter aus Hartholz, die dazu benutzt wurden, um auf den Wellen zu reiten. Man vermutet inzwischen, daß der Surfsport vor über tausend Jahren auf den polynesischen Inseln seinen Anfang nahm. Die Faszination des Wellenreitens ist bis heute ungebrochen, und viele junge Leute ahmen auf ihre Art und Weise nach, was die Kanuten früherer Jahre für sich in Anspruch nahmen: das ungehemmte Vergnügen im Kampf mit den Elementen. Im Eifer, immer neue Reviere für ihren Sport zu entdecken, reisen die Surfer rund um die Welt. Und wie wunderbar ist es, so naß und abgekämpft sich nicht durch die Lobby eines Hotels schleichen zu müssen, sondern vor dem Zelt oder Wohnmobil sich einfach fallen zu lassen und zu überlegen, ob man es das nächste Mal nicht besser mit Windsurfing versucht.

Der Allmächtige muß ein Windsurfer gewesen sein, meinen die eingefleischten Wassergleiter. Tatsächlich aber wird, wenn es darum geht, den Pionier des Windsurfing auszumachen, der Amerikaner Newman Darby genannt. Er soll bereits 1964 auf einem brettähnlichen Fahrzeug mit einem beweglichen Segel seine ersten Versuche unternommen haben. Weltweit bekannt gemacht hat den Sport Hoyle Schweitzer. Die Faszination des Brettsegelns, worin »richtige« Segler nur ein Vorschot-Training sahen, ergriff vor allem Jugendliche, die von nun an als eigene Kapitäne auf den kleinen und preiswerten Wassergefährten an den Jachten vorbeischossen. Man hat es eben nicht mit einem Segelfahrzeug zu tun, das schwierig zu handhaben, umständlich ins Wasser zu bringen und teuer zu pflegen ist, sondern mit einem Stück robustem Kunststoff, einigen billigen Spieren aus Holz oder Aluminium und wenigen Quadratmetern Segeltuch. Weil das Prinzip so einfach ist, kann sich der Benutzer bei der Ausübung des Sportes mehr der Umwelt als seinem Sportgerät widmen. Besonders die Camper haben diesen Sport mit Begeisterung aufgenommen, und es gibt kaum einen Caravan, zu dem nicht ein Surfbrett als Grundausstattung gehört.

Es ist schon ein besonderes Erlebnis, wenn man im späten Herbst am Nordseestrand spazierengeht und die Menschen in schwarzen Neopren-Tauchanzügen beobachtet, die in der aufgewühlten Brandung immer wieder ihre Segel aus dem Wasser ziehen, um einen neuen Kick zu bekommen.

Welcher Camper mehr als ein Brett fürs Segeln haben möchte, dem sei eine tolle ältere Erfindung vorgestellt: das Wohnschiff als Anhänger.

In folgendem Bericht der Zeitschrift *Camping* wurde das universelle Wassergefährt erstmals vorgestellt:

Das Wohnboot vor Anker

»Naheliegende Gedanken werden oft später verwirklicht als abseitige Ideen. Wen lockt es nicht, eine Kombination von Wohnwagen, Wohnboot und Segel- oder Ruderboot zu besitzen, ein Amphibium, das zu Land und zu Wasser verwendbar und darüber hinaus leicht von einem Traumsee zum anderen transportierbar wäre?

Nun ist es da, ein passionierter Wassersportler und Camper hat es konstruiert, eine bekannte Bootswerft hat es gebaut, und beide probierten es im vergangenen Herbst auf den Wassern des Staffelsees in allen Gang- und Verwendungsmöglichkeiten aus.

Drei Schwimmkörper – nach der Art der Katamarane gebaut – tragen in ihrem Inneren verstaut die sonstigen Bauteile. Das Ganze wird auf einem Zweiräder-Fahrgestell als Anhänger am Auto zum Uferplatz gefahren.

Der Zusammenbau ist sinnreich und leicht und bedarf keiner Schwerathleten. Rückt man die drei Schwimmkörper aneinander, so entsteht ein stabiler Bootskörper, den man auf jede der üblichen Wassersportarten fortbewegen kann, also mit Paddeln, Rudern oder Außenborder, vorzüglich auch mit Steckschwert und 15 m^2-Besegelung als Segelyacht.

Auseinandergerückt, durch Querversteifungen starr verbunden, ergeben sie die Plattform für eine Wohnkajüte aus festen Wänden und mit Segeltuch-Dach, versehen mit wohnlichen Einrichtungen und Platz zum Schlafen für drei Personen, sogar erwachsene Personen, samt einer Küche. Die einzelnen Bauteile sind ohne Schwierigkeiten auch von der weiblichen Besatzung zu transportieren und einzubauen. Der mittlere Schwimmkörper ist oben offen, sein Boden dient als Kajüt-Fußboden. Gebaut wird das ›Kombi-Wohnboot‹ in zwei Ausführungen, einer für Binnenseen (5,50 m Bootslänge) und einer für rauhes Wasser (7–8 m Bootslänge).«

Leider wird diese Art von Wohnboot heute nur noch selten angeboten. Aber der Bericht über diese Erfindung soll Anreiz sein und Motivation, die vorgefundenen Möglichkeiten immer wieder aufs neue zu kombinieren. Der Phantasie der Camper sind keine Grenzen gesetzt, und das Radeln auf dem Fluß ist sicherlich einen Versuch wert. Auch in Zukunft werden tollkühne Wassergefährte und Spielgeräte einiges an Amüsement und Verwunderung in die Strandbäder und auf die Campingplätze Europas bringen. Die Camper werden es von ihrem Schlauchboot aus beobachten.

Die schönsten Plätze im Laufe der Zeit oder jedem sein idealer Campingplatz

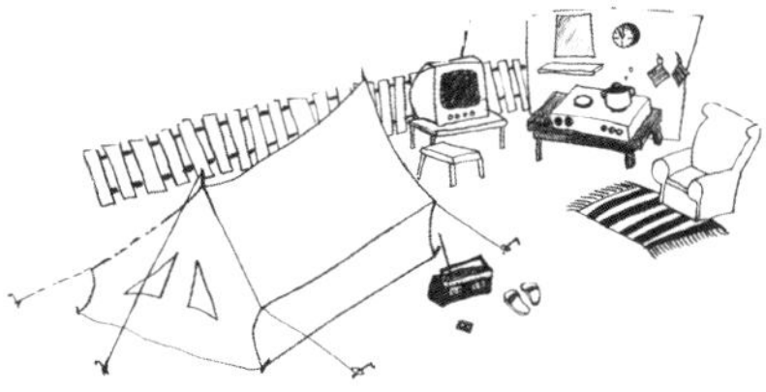

Schon immer hat es den Menschen zu den schönsten Plätzen in der Natur gezogen. War ein entsprechendes Plätzchen gefunden, wurde der Tip von Generation zu Generation weitergegeben – leider wurden so viele Idyllen auch zu Touristenlandschaften, die in jeder Saison aufs neue Zweifel aufkommen lassen, ob Erholung gerade an diesen Orten noch möglich ist.

Das wilde Campen ist heute kaum noch möglich. Nach dem Zweiten Weltkrieg wurden in fast allen europäischen Ländern Verordnungen erlassen, die ein freies Campieren verbieten. Als häufigster Grund wird der oft lässige Umgang der Camper mit der Natur angeführt, leider nicht ganz zu Unrecht. Die Haufen Unrat und die schwarzen Brandflecken der Feuerstellen auf den schönsten Wiesen wurden zu Recht von den Einheimischen als Schändung empfunden. Man machte Front gegen jene Fremden, die rücksichtslos die schönsten Lagerstätten in Müllkippen verwandelten.

Also mußte eine Alternative gefunden werden für die stetig wachsende Zahl von Touristen, die mit Zelt oder Wohnwagen unterwegs waren. Vielerorts wurde der Plan gefaßt, Campingplätze anzulegen oder bereits bestehende zu erweitern. Der Deutsche Camping Club hat diese Bemühungen nicht nur vorangetrieben, sondern Interessierte auch weitreichend beraten. Denn wenn ein passendes Stück Land gefunden war, stellte sich die Frage, wie ein idealer Campingplatz auszusehen hat.

Der damalige Schriftleiter des Deutschen Camping Clubs, Hugo Schmidt, hat 1958 in der Zeitschrift *Camping* die wesentlichen Punkte einer Campingplatzgestaltung sehr anschaulich umrissen.

»Wenn man jahraus-jahrein im Kreuzfeuer über die Qualität der Campingplätze im In- und Ausland steht (dem Verfasser geht es so), dann festigt sich die Wahrheit, die in jenem alten Sprichwort liegt: ›Recht zu machen jedermann, ist eine Kunst, die niemand kann!‹

Der Camper ist bekanntlich kein Schablonenmensch. Die Freizügigkeit der Ungebundenheit seines Nomadendaseins schätzt er über alles, und über diesen Punkt sind sich die Camper in aller Welt zweifellos einig. Über den Campingplatz jedoch gehen ihre Ansichten erheblich auseinander, mindestens darüber, wie der Platz ausgestattet sein soll. Einig werden sie sich dann wieder, wenn es um die Frage der Platzverwaltung geht, um Ordnung, Sauberkeit und gute Betreuung.

Gruppe Nr. 1 entstammt dem Geschlecht der Urcamper, hat schon gezeltet, als es noch keine Campingplätze gab (das ist gar nicht so lange her) und würde auch heute noch am liebsten irgendwo in der Natur und für sich allein zelten (wenn man mit dem Fahrzeug nur überall hinfahren könnte), an einem Bach- oder Flußufer, an einem kleinen See oder am Meer. Wasser holt man sich notfalls in der Gegend, und der Spaten ersetzt sanitäre Anlagen und Abfallkübel. Diese alten Waldläufer und Pfadfinder kommen auch heute noch zu ihrem Recht dank des ihnen verbliebenen Spürsinns und ihrer Erfahrung. Wie leuchten ihre Augen, wenn sie daheim von solchen Plätzen erzählen!

Gruppe Nummer 2 bevorzugt die landschaftlich schöne Lage, abseits der großen Straßen, ist zufrieden mit ganz einfachen Einrichtungen, auch wenn sie nicht direkt auf dem Platz, sondern nebenan im Haus des Besitzers zu finden sind. Man vermißt weder eine Platzbeleuchtung noch Steckdosen für den Rasierapparat oder Duschen und Gaskocher-Automaten, man wäscht sich am Brunnen oder im Bach und kocht auf eigenem Herd, man kauft beim Krämer im Dorf und man nimmt keinen Anstoß an dem Häuserl mit dem altväterlichen Herz in der Tür und der fehlenden Wasserspülung. Das sind dann die ›guten Zeltmöglichkeiten‹, sie entsprechen den guten ländlichen Gasthöfen der bescheidenen Sommerfrischen.

Gruppe Nummer 3 hat es mit den Plätzen, die den Rang eines regelrechten Campingplatzes für sich in Anspruch nehmen, nur für Campingzwecke errichtet wurden und entsprechend ausgestattet sind – oder sein sollten: sie werden schon Freiluft-Hotels genannt, denn sie bieten Einrichtungen, wie sie in einem Hotel kaum besser anzutreffen sind. Und mit ihnen wollen wir uns etwas näher befassen. Auch sie sollen – wenn es sich nicht um ausgesprochene Durchreiseplätze an den großen Verbindungsstraßen handelt – naturverbunden liegen, also fern von den Quellen lauter Geräusche wie Straßenverkehr, Eisenbahn, Industriewerken, sollen viel Grün aufzuweisen haben (parkartige Anlage mit Baumgruppen, Hecken, Strauchgruppen, Grasfläche). ›Ideal‹ wäre die Lage an einem See oder am Meer.

Eine gute Schwimm- und Badegelegenheit müßte jedenfalls am Platz sein.«

Man kann es nicht jedem recht machen, und schon gar nicht einer Gruppe von Menschen, die sich allesamt, besonders was ihre Urlaubsgestaltung angeht, als ausgemachte Individualisten sehen. Innerhalb der Campingbewegung setzte sich immer mehr die Forderung nach gut ausgestatteten Plätzen durch, deren Komfort zeitgemäß sein sollte. Mit dem Bau von Mustercampingplätzen versuchten die europäischen Campingclubs in den Jahren nach dem Zweiten Weltkrieg Standards vorzustellen, die allen Ansprüchen der zukünftigen Camper gerecht werden sollten.

Einen dieser Mustercampingplätze errichtete der Deutsche Camping Club in Kehl am Rhein, nahe der französischen Grenze bei Straßburg. Am 18. Mai 1958 wurde er eingeweiht, rechtzeitig zum zehnjährigen Bestehen des Deutschen Camping Clubs. Mit seinen vorbildlichen Einrichtungen sollte der Platz wegweisend für zukünftige Campingplatz-Planungen sein. Die Stadt Kehl, an einem wichtigen Verkehrsknotenpunkt, der Süd-West-Achse gelegen, fehlte bis zu diesem Zeitpunkt ein Campingplatz, und das wilde Zelten der vielen Durchreisenden auf den Rheinwiesen hatte zu den bekannten Problemen geführt. Der Bürgermeister Dr. Marcello, selbst ein begeisterter Camper, stellte dem Deutschen Camping Club ein Gelände am Rhein mit der Auflage zur Verfügung, dort einen Platz zu errichten. Das Ergebnis wurde international begrüßt. Die Camper aus dem In- und Ausland waren von den großzügigen Waschgelegenheiten, Gasautomaten, Küchenpavillons und anderen Annehmlichkeiten begeistert. Besonderen Wert hatten die Planer auf die landschaftliche Gestaltung gelegt, der alte Baumbestand wurde durch Neupflanzungen ergänzt und Stellplätze mit Hecken eingefriedet. Seither wird der Campingplatz Kehl am Rhein von Campern aus aller Herren Länder nicht nur auf der Durchreise angefahren.

Trotz aller Mühen der Verantwortlichen: »Es ist schwer, aus eigenen Erfahrungen anderen zu raten. Jeder hat seine eigenen Sonderwünsche und seine persönliche Erholungsform. Die einen eilen hastend zu Sehenswür-

Pfarrer Unholz eröffnet den neuen Campingplatz Kehl mit einer Feldmesse

digkeiten und erhaschen nur als Blitzgäste überall auch ein wenig von den Schönheiten der Natur. Sie erleben vieles, aber nicht viel. Für diese Zugvögel, denen das Camping mehr verbilligendes Reisemittel als erholungsspendende Lebensform der kontrastwirksamen Alltagsferne ist, bedarf es keines Rates bei der Platzwahl. In Überfülle präsentieren sich ihnen Einladungsschilder zum Campen. Wer eine zufällig unbenutzte Fläche, einen Bauplatz oder eine Wiese besitzt, glaubt durch das Zauberwort ›Camping‹ Geld verdienen zu können. [...] gewisser Komfort wird daher höher bewertet als die ›romantische‹ Primitivität.«

So Prof. Dr. Walter Schnell aus Marburg, der sich auf den Weg gemacht hatte, Campingplätze miteinander zu vergleichen. Denn auch schon Ende der fünfziger Jahre war es keineswegs selten, daß auf einem als romantisch angepriesenen Campingplatz nur die Menschen auf den Liegestühlen einen daran erinnerten, daß man sich hier ausruhen konnte.

Es gibt kein Patentrezept, wie man »den« Campingplatz findet. Neben den Campingführern, die mit Hilfe international anerkannter Kürzel über das Leistungsangebot der einzelnen Plätze informieren, kommt es auf den Entdeckergeist an. Auch wenn die Campingführer den ersten Hinweis bieten, macht man sich, wenn möglich, besser vor Ort ein Bild.

Ankunft auf dem NSU Lido

Informationen über Lage des Platzes, Freizeitangebote und Versorgungseinrichtungen sind nichts weiter als eine Orientierung. Die Prädikate »Campingplatz des Jahres« oder andere Wertungen der Clubs geben sicher einen Hinweis, doch damit ist noch lange nicht gesagt, daß auch Jahre später immer noch alles in bester Ordnung ist. Auch einen Preisvergleich sollte man durchführen, denn was nützt einem ein riesiges Angebot auf einem Superplatz, wenn für jede Schwimmbewegung gezahlt werden muß. Ein billigerer und einfacherer Platz in der Nähe eines öffentlichen Schwimmbades kann unter Umständen günstiger sein. Ob man seinen Hund mit auf den Platz nehmen kann, die Frage nach den Stromkosten und die Zeiten der Mittagsruhe: all dies entscheidet mit, ob der anvisierte Platz den jeweiligen Wünschen entspricht. Und wer denkt, daß die meisten deutschen Camper in den neunziger Jahren ins Ausland fahren, weil Camping dort billiger ist als zu Hause, hat sich getäuscht. Viele deutsche Camper nutzen inzwischen die Urlaubsgebiete der neuen Bundesländer, um in einem der preisgünstigsten Campingländer Europas ihren Urlaub zu verbringen, nämlich in Deutschland.

Europaweit geht der Trend bei den Campern eindeutig in Richtung Campingplatz als Freizeitpark. Immer mehr Camper bevorzugen Action, Animation wie in den Ferienclubs der Pauschalreisenden. Natur und Kultur reichen vielen nicht mehr. Auf achtzig Prozent der niederländischen Campingplätze wird beispielsweise ein Animationsprogramm von ausgebildeten Profis geboten. Die Zeiten sind vorbei, wo der Koch in der Freizeit auf dem Kamm musiziert oder für die Kinder mit den Ohren wackelt – Aufführungen, Spiele für alle Altersklassen oder Wettbewerbe mit Preisverleih sollen es sein. Nur Paddeln, Segeln oder Surfen reichen auch nicht mehr, man will einen »Schein« mit nach Hause bringen, damit die Leistung auch amtlich bestätigt ist. Über achttausend Campingplätze gibt es inzwischen in Europa. Ein Angebot, aus dem sich wählen läßt: vom simplen Wiesenplatz mit bescheidenem Sanitärgebäude bis zum Camping-Freizeitpark mit tropischem Erlebnisbad.

Italien ist seit den Anfängen der Campingbewegung eines der Länder, wo die Goldgräberstimmung nie wirklich verflogen ist. Das beständige Sonnenwetter und die lebendige Mischung aus alter und neuer Kultur ziehen Jahr für Jahr Scharen von Menschen aus allen Teilen Europas in den Süden. Der Italienfahrer Dr. von Hoven, der sich 1953 auf italienischen Campingplätzen umgesehen hat, berichtet für die deutschen Campingfreunde in der Zeitschrift *Camping:*

»In Italien finden wir reichlich Campingplätze und diese sind so gelegen, daß sie allen Wünschen eines Zeltreisenden gerecht werden können. Wir finden sie in der Nähe der großen Städte, wenn wir hier Halt machen wollen, um all die unzähligen Sehenswürdigkeiten zu betrachten. Wir finden sie in den Bergen, an den Seen und am Meer, wenn wir Ruhe und Erholung in landschaftlich schöner Umgebung suchen.« Der begeisterte und neugierige Camper hat dann anhand des italienischen Campingführers *Campeggi in Italia* einige ausgewählt, die es wirklich verdienen, wie er meint. »Zunächst sind da die beiden großen Ferienlager des TCI zu nennen, Canazei in den Dolomiten und Marina di Ravenna an der Adria. In herrlicher Umgebung wurden dort Einrichtungen getroffen, die alle Erwartungen überbieten. Im großen Restaurationszelt können wir an einem gemeinsamen Mittags- und Abendtisch teilnehmen, es gibt dort ein Tischtennis, eine Bibliothek und eine Espresso-Bar. Auch Gästezelte stehen zur

Verfügung, wo man sich ein Feldbett fein säuberlich hergerichtet mieten kann. Toiletten und Duschen sind in besonderen Zelten untergebracht und nicht einmal der elektrische Anschluß für den Rasierapparat fehlt an den Waschanlagen.« Zum Kontrast berichtet er über einen bescheidenen Campingplatz: »Minturno dagegen ist ein kleiner Zeltplatz zwischen Rom und Neapel, unmittelbar am Meer, der richtige Platz für einen, der eine Ruhepause in herrlicher Umgebung an einem einmaligen Badestrand verleben möchte. Sein Wasser holt man sich aus einer Zisterne, denn eine Wasserleitung gibt es dort noch nicht.« Dr. von Hoven ist begeistert: »Sehr herzlich wird man in Turin im Parco leopardi aufgenommen; dort zeltet man zwischen herrlichen Bäumen und Pflanzen, denn der Zeltplatz liegt in der Stadtgärtnerei. Man nimmt dort ein Trinkgeld gerne an, verlangt aber keine feste Gebühr.«

Wie sich ein Campingplatz im Laufe der Jahre verändern kann, zeigt exemplarisch der Union Lido auf der Lagune vor Venedig. Am Adriastrand bei Cavallino, in unmittelbarer Nähe von Venedig, wurde vor 43 Jahren ein 1,2 Kilometer langer Campingplatz angelegt. Das wäre weiter nicht erwähnenswert, denn in diesen Jahren war die Adria bereits einer der beliebtesten Urlaubsorte der Deutschen.

Campingplätze schossen wie Pilze aus dem Boden. Bemerkenswert ist, daß der Platz von einem deutschen Autohersteller, vertreten durch seine Importeure in Italien, unterhalten wurde. Durch die Gründung dieses Platzes hatten sich die NSU-Werke Neckarsulm, mit Hilfe ihrer spitzfindigen italienischen Kollegen, einen besonderen Werbeeffekt für ihre Produkte versprochen. Italien war damals ein wichtiger Absatzmarkt für Mopeds und Motorräder des Herstellers NSU. Im ersten Prospekt der Generalimporteure und neuen Campingplatzhalter wurden alle NSU-Fahrer Europas eingeladen, den NSU Lido zu besuchen. Ignazio Vok senior und Angelo Macola hatten die Anlage mit allen notwendigen sanitären Anlagen versehen, die einen modernen und fortschrittlichen Campingplatz auszeichnen, wobei der weiche Sandstrand und die hohen Wassertemperaturen wesentlich zu einem angenehmen Aufenthalt beitrugen. Als Eintrittslegitimation diente allein das NSU-Markenzeichen am Fahrzeug.

Die Automarke NSU gibt es nicht mehr. Was in der Anfangsphase nur für NSU-Werksangehörige und NSU-Fahrer gedacht war, entwickelte sich zu einem der größten »Freiluft-Ferienorte Europas«. 1972 wurde NSU Lido in Union Lido umbenannt, schon etwas kurios, weil auch die

NSU-Werke erst in der Auto-Union aufgegangen waren, die dann später der AUDI AG angeschlossen wurde.

Solch eine wechselvolle Geschichte hat der Campingplatz nicht, aber seine Entwicklung vollzog sich ebenso rasant wie die der Automodelle der Nachfolgefirmen von NSU. Nur einmal, bei einer heftigen Flut Ostern 1967, war der Platz für eine Weile im Meer verschwunden.

Die ersten Gäste waren mit Moped, Motorrad und Auto angereist. Viele Werksangehörige hatten den besonderen Ehrgeiz, mit einem NSU »Cavallino« über die Alpen zu kommen. Dieses Moped im italienischen Stil war ein Verkaufsschlager in Deutschland. In Stoßzeiten war der Andrang so groß, daß sich lange Warteschlangen auf der Lagunenstraße bildeten. Jahr für Jahr wurde der Union Lido beliebter, dementsprechend wurde der Campingplatz erweitert.

Was einst nur ein bescheidenes Sandlager war, ist heute zu einer richtigen Freizeitstadt gewachsen. Vieles, was angelegt worden war, ist im Laufe der Jahre authentisch geworden. Der schattenspendende Baumbestand aus Pinien ist ein Beispiel hierfür.

Die Freizeitmöglichkeiten, die heute auf der Lagune vor Venedig angeboten werden, ähneln der einer kompletten Vergnügungsstadt. Die Anlage hat mittlerweile eine Größe von 60 ha mit über 3000 Einheiten, von Dauercamping- bis zu 2800 Touristenplätzen. Auch ein Hotel und Ferienbungalows stehen zur Verfügung. Union Lido wartet mit allem auf, was man sich auf einem Campingplatz überhaupt an Freizeitmöglichkeiten und Versorgung vorstellen kann. Stolz nennen ihn die Betreiber »Camping-Hotel-Residenze« und werben mit: Wohlbefinden, Unterhaltung und Erholung in einer intakten Umwelt, direkt an der venezianischen Küste von Cavallino. Jeden Tag etwas anderes: Sport, Animation, Fitneß, Spiele, Erlebnis und Zerstreuung. Ein Naturpark am Meer, in dem man leben kann und die Freiheit hat, zu tun, was einem beliebt. Ob man heute noch mit einem Auto der Marke NSU Prinz Aufsehen erregt ist fraglich, denn mittlerweile spielt man Golf auf Union Lido.

Wer seinen Campingurlaub nicht in ausufernden Erlebniswelten verbringen möchte, der sollte sich diejenigen Plätze im Campingführer aussuchen, die mit weniger Freizeitangeboten aufwarten. Denn sonst erlebt der Camper sogar in der Lüneburger Heide eine Überraschung. »Ein Kinderparadies, von dem Erwachsene nur träumen!« lautet der Slogan der Südsee-Camps in der Lüneburger Heide. Welches Kind wird da nicht neugierig? Und welche Eltern wittern da nicht Morgenluft? Geboten wird laut Prospekt folgendes:

»In einer malerischen Wald- und Heidelandschaft wird Camping zu einem unvergeßlichen Erlebnis. Hier dreht sich fast alles um die Kinder. Auf den vielen verschiedenen Spielplätzen und Freiräumen, die auf dem 55 ha großen Südsee-Camp-Gelände verteilt sind, ist viel Platz zum Toben und Spielen. Auch der große Badesee mit dem weißen Sandstrand gehört dazu. Wenn manche Kinder zu Hause das tägliche Waschen und Zähneputzen als lästige Pflicht ansehen, hier tun sie es gerne. Nämlich in den extra für Kinder eingerichteten Dusch- und Waschräumen, oder in den großzügigen Campingwaschräumen bzw. Mietkabinen für Familien.

Überhaupt ist das Südsee-Camp ein Paradies für Familien. Schon morgens werden sie mit 20 Sorten stets ofenfrischer Brötchen der Südsee-Camp-Bäckerei verwöhnt. Das Restaurant am See bietet preiswerte und reichhaltige Mahlzeiten. Sport und Spiel werden im Südsee-Camp in Fülle geboten: Bogenschießen, Fahrrad-Crossbahn, Tennis, Beach-Volleyball, Reiten in der Halle oder im Gelände auf einem der 80 Pferde. Die Animateure freuen sich, wenn sie Kinder, Jugendliche und Erwachsene beim ›Stockbrot backen‹, bei Filmabenden oder den Vorführungen im Amphitheater begeistern können.

Bei den Tagesausflügen mit bequemen Bussen nach Hamburg zu ›Cats‹ oder ›Phantom der Oper‹, nach Helgoland oder zu anderen vielen Zielen dürfen auch die Eltern mit. Dafür gehört die ›Rappelkiste‹ ganz den Kindern. Im Südsee-Camp kann und soll jeder nach seiner eigenen Vorstellung einen Stellplatz finden. Im parzellierten Parkgelände, auf der Pilzwiese oder unter Kiefern. Wer will, in einem vollständig eingerichteten Miet-Caravan oder -Chalet. Ein subtropisches Spiel- und Spaß-Bad mit Wildwasserkanal, großem Kinderparadies, Bio-Sauna, römischem Dampfbad und vielem anderen mehr lädt ein bei Sonne und bei Regen. Also ein Kinderparadies, in dem sich Erwachsene wohl fühlen.«

Wenn auch immer mehr solcher Freizeitlandschaften die Campingplätze erobern, die Mehrzahl der Plätze versucht, mit einer Mischung aus Tradition und erweitertem Serviceangebot die Camper auf den Platz zu locken. Die landschaftliche Lage des Campingplatzes ist ein entscheidender Punkt, aber sicher nicht der einzige. Eines der Hauptkriterien bei der Wahl eines Platzes sind die sanitären Einrichtungen. In den Campingführern wird deshalb in aller Ausführlichkeit das kleinste Detail in diesem

Sonnentanken

Bereich untersucht und bewertet: von außergewöhnlichen Anlagen bis hin zur schlichten Ausstattung. Was darunter im einzelnen zu verstehen ist, sollte man vor Ort in Augenschein nehmen, denn was nützt die modernste Toilette, wenn sie schmutzig ist. Die Inspekteure der Clubs tauchen zwar immer wieder überraschend auf, aber in der Hauptsaison muß es nicht unbedingt so aussehen wie an einem friedlichen Herbsttag, wo nur wenige Gäste sich in aller Ruhe in den Kachelhäusern verlieren. In keiner Reportage der großen Campingzeitschriften darf bei der Vorstellung eines Campingplatzes ein Absatz fehlen, in dem nicht von einzelnen Waschbecken, extra Kinderduschen oder dem Whirlpool berichtet wird.

Ruhe und Recht

Ein Paradies für Camper sind die skandinavischen Länder. In Finnland, Norwegen, Schweden und Dänemark bietet Camping sich geradezu an.

Meer, Seen und eine weite, scheinbar unberührte Landschaft. Schweden etwa bietet über 95 000 Seen. In dem dünn besiedelten Land liegen die Campingplätze meist idyllisch. Fernab der Fernstraßen kann man hier Ruhe pur genießen. Das »Allemansrätten«, das schwedische Recht zum Gemeingebrauch der Natur, bietet ideale Voraussetzungen für einen Campingurlaub. Obwohl dieses Recht auch das freie Lagern in der Natur beinhaltet, versuchen die Schweden die Camper aus aller Welt mit einem großen Angebot an Campingplätzen vom wilden Camping abzuhalten. Der Journalist Ingemar Ahlström vermittelt mit seinem Bericht in der Informationbroschüre des Schwedischen Fremdenverkehrsamtes ein aktuelles Stimmungsbild vom Camping in Schweden.

»Es war ein strahlender Morgen, der auf einen weiteren schönen Tag auf dem Rad hoffen ließ. Der noch taufeuchte Scharfe Hahnenfuß auf der Weide glänzte goldgelb in der Morgensonne. Das Zelt lag zum Trocknen ausgebreitet über einigen Wacholdersträuchern. Das Teewasser auf dem Outdoor-Kocher hatte gerade gekocht, und die Frühstücksbrote waren gerade geschmiert.

Besser hätte die Stimmung an einem solchen Morgen nicht sein können. Da tauchten sie auf – die Kühe. Zuerst standen sie einfach nur da und betrachteten mich neugierig vom Hügel aus, doch schon bald setzten sie sich in zügigem und zielstrebigem Trott in meine Richtung in Bewegung. Im Nu war ich von streitsüchtigen Gesellen umringt, die unbedingt an meinem Frühstück teilhaben wollten. Mit dem Kochtopf in der einen Hand und dem Teebecher und den belegten Broten in der anderen mußte ich mich Hals über Kopf auf die andere Seite des Holzzaunes retten. Da verzehrte ich dann – am Grabenrand sitzend – mein Frühstück, während es einigen der ganz dreisten Gesellen offenbar großen Spaß machte, mein vollbepacktes Fahrrad umzuwerfen. Überraschungen dieser Art lassen sich eigentlich leicht vermeiden. Das ›Allemansrätten‹ besagt zwar, daß man eine Nacht in der schwedischen Natur zelten darf, sofern sich der Standort nicht auf landwirtschaftlicher Nutzfläche oder in der Nähe eines Wohn- oder Ferienhauses befindet. Es empfiehlt sich trotzdem, immer erst um Erlaubnis zu fragen. Selbst wenn die verlockende Weide am Abend leer ist und zum Aufschlagen des Nachtlagers förmlich einlädt, kann man nie wissen, wen oder was der Bauer früh am nächsten Morgen dort weiden läßt, oder ob er die Wiese gar mähen will. Wahrscheinlich hatte ich trotz allem noch Glück. Es wäre sicher weniger lustig gewesen, den Tag mit einem Stierkampf zu beginnen!

Die Nacht darauf verbrachte ich sicherheitshalber auf einem Campingplatz. Und seitdem ist so manche Campingplatzübernachtung dazugekommen. Natürlich nicht nur, weil Campingplätze garantiert kuhfrei sind. Ich bin wohl im Laufe der Zeit einfach bequemer geworden. Das abendliche Waschen mit frischem Quellwasser mag zwar seinen Reiz haben, doch nach einem schweißtreibenden Tag auf dem Rad möchte man den Straßenstaub doch am liebsten unter einer warmen Dusche abspülen.

Bis vor einigen Jahren haben wir uns auf unseren Radtouren fast immer Zeltplätze draußen in der Natur ausgesucht. Wir wollten ganz einfach den Vorzug nutzen, den das ›Allemansrätten‹ bot. Aber es war nicht immer so einfach, einen guten Zeltplatz auszumachen. So wurde der Radelspaß oft durch langwieriges Suchen nach einem geeigneten Platz zum Übernachten getrübt. Denn die Realität entsprach nicht immer dem, was die Karte versprochen hatte. Mitunter waren die Übernachtungsplätze nur Notlösungen, was sich natürlich nicht gerade positiv auf die Urlaubsstimmung auswirkte. Daher schlugen wir unser Nachtquartier immer häufiger auf einem Campingplatz auf. Da wußte man bei der Ankunft zumindest, was einen erwartete. Das mag zwar etwas langweilig klingen, doch es ist bequem und zudem sicher. Inzwischen lassen wir sogar das Zelt ab und an zu Hause und gönnen uns den Luxus, einige Tage in einer Campinghütte zu wohnen. Mit der Hütte als ›Basislager‹ unternehmen wir Tagesausflüge mit leichtem Gepäck, zu dem aber eine gute Karte gehört. Dies ist eine willkommene Erholung vom eigentlichen Radelurlaub, wo man immer mit vollbepacktem Rad unterwegs ist. Unseren kleinen Kocher und die notwendigen Ingredienzien für ein Abendessen haben wir jedoch immer dabei. Es wäre doch schade, wenn man an einem wunderschönen Abend vorzeitig umkehren müßte, nur weil der Magen knurrt.«

Wie man einen Campingplatz auf ganz eigene Art und Weise kreiert, zeigt das folgende Beispiel: Aus einem alten, heruntergekommenen Bauerngehöft in der Auvergne zauberten die Aussteiger Klaus Müller und Johan Lemstra ein kleines Ferienparadies für Camper. Die beiden haben zwei Jahre lang Tag und Nacht geschuftet, um aus einem kleinen verfallenen Anwesen den Camping- und Caravaningplatz »La Petite Valette« (Der kleine Knecht) zu schaffen. Die beschauliche Anlage liegt im Herzen der Auvergne im Departement Allier. Sanfte Hügel und blühende Felder bestimmen das Landschaftsbild in diesem Teil Frankreichs. Der geschichtliche Hintergrund dieser Gegend wurde durch die Bourbonen geprägt, davon zeugen noch heute zahlreiche Schlösser und Kirchen. Auch das renovierte alte Gehöft erinnert auf seine Art an frühere Zeiten, es liegt inmitten von Rabatten mit Buschrosen, Lavendel und Lupinen. Der Deutsche Klaus Müller verliebte sich gleich in dieses Stückchen Erde. »Es ist Balsam für die Seele«, meint der ehemalige Personalchef eines niederländischen Unternehmens, der sich nach einem Herzinfarkt entschloß, sein Leben »anders« zu gestalten. Der niederländische Kompagnon Johan Lemstra, der zuvor im Krankenwesen tätig war, entschloß sich mitzumachen. Über einen Makler kauften sie das heruntergekommene 200 Jahre alte Gehöft. Von handwerklichen Dingen hatten sie anfangs wenig Ahnung, aber mit der Arbeit wuchsen die Fertigkeiten. Die behördlichen Hürden waren hoch. Auf ungewöhnliche Art gingen die beiden in die Offensive: in ihrer neuen Heimat hielten sie Vorträge über das vereinigte Europa. Die Wirkung blieb nicht aus, schließlich wurden die Genehmigungen für einen Campingplatz erteilt. Was die beiden für sich selbst gesucht hatten, nämlich Erholung in bester Umgebung, wollten sie auch für andere öffnen, daher die Idee mit dem Camp, natürlich auch, um das eigene Leben zu finanzieren.

»La Petite Valette« verfügt über 58 Stellplätze, vier Chalets und zwei Bungalowzelte. Für die Kinder wurde ein Spielplatz angelegt, und die übrigen Freizeitmöglichkeiten findet man in der nahen Umgebung. Beispielsweise ist der größte Eichenwald Europas mit über 300 Jahre alten Bäumen leicht mit dem Fahrrad zu erreichen. Auch die Art des Essens ist eine Überraschung auf diesem Campingplatz. Klaus Müller, der ein leidenschaftlicher Koch ist, fragt am Tage zuvor seine Gäste lediglich, ob sie Fisch oder Fleisch wollen, der Rest ist Überraschung.

Die beiden Europäer haben mittlerweile auch feststellen müssen, daß die Pflege eines Paradieses eine nicht endende Arbeit ist; demnächst wollen sie ein kleines Schwimmbad anlegen. Mittlerweile findet man ihren Campingplatz in allen Führern, nur wenige Zeichen erläutern sein Angebot, und dennoch, hier bekommt man etwas geboten, was vielleicht zukunftsweisend ist: Campen wie Gott in Frankreich.

Mit dem eigenen Bett zu den Kathedralen und Jahrmärkten des 21. Jahrhunderts

Große Ereignisse, berühmte Orte und stille Schätze haben eine Anziehungskraft, die gerade diejenigen, die eine Reise planen oder schon auf Reisen sind, in ihren Bann schlagen. Nicht zuletzt deswegen, weil die Zeit des Reisenden sich immer in Erholungszeiten und Entdeckungszeiten einteilt. Der Wille, Historisches, Eigentümlichkeiten und anscheinend Unerreichbares mit den eigenen Augen zu betrachten und auf sich wirken zu lassen, einen ganz eigenen Eindruck von dem zu gewinnen was vielleicht nur für eine bestimmte Weile sichtbar ist, all diese Varianten des persönlichen Entdeckens lassen die alte Weisheit, Reisen bildet, immer wieder aufs neue aufleben. Die Macht der konservierten und vorgeführten Bilder endet in dem Moment, wo man die Möglichkeit hat, die Entdeckung selbst zu tun. Doch die Eindrücke, die diese Vorschauen in einem hinterlassen haben, spielen eine Rolle im späteren Vergleich und beeinflussen das eigene Urteil. Ob die antiken Stätten Griechenlands, die Metropolen Europas, eine längst vergessene Schloßanlage in einem tiefen Wald; die Anziehungskräfte und Spuren vergangenen und lebendigen kulturellen Lebens wecken in vielen den Wunsch, einmal dort gewesen zu sein und es mit eigenen Augen gesehen zu haben.

Zu allen Zeiten waren Pilger in Sachen Kultur unterwegs. Massenhafte Berichte und weltumspannende Mobilität, die mit jeder Dekade des technischen Fortschritts wachsen, scheinen die Welt schrumpfen zu lassen. Doch der archaische Wunsch, selbst der Entdecker zu sein, wirkt unverändert fort.

Besonders die sich immer schneller entwickelnde Technik des 19. Jahrhunderts, die die Dampfkraft zu nutzen begonnen hatte, öffnete für immer mehr Menschen Horizonte, die bisher unerreichbar schienen. Mit der Dampflokomotive und der Dampfschiffahrt rückten Ziele für viele in die Nähe, die bisher nur dem wohlhabenden Adel oder anderen Betuchten zu bereisen möglich waren. Mit dieser Entwicklung wuchs in vielen gesellschaftlichen Schichten der Anspruch, daß man bestimmte Reiseziele besucht haben mußte. Das Muß an Sehenswürdigkeiten nahm zu. Wer konnte, ersetzte die Reise im Kopf, durch einen Ausflug, um Museum, Naturwunder oder eine besondere Ausstellung anzuschauen. Die Berichte der Kavaliers- und Bildungstouren wurden eifrig gelesen und werden wohl so manchen Zeitgenossen bewegt haben, von seinem Sessel aufzustehen, die Familie zu mustern, um Bedeutendes vor Ort in Augenschein zu nehmen.

Die sichtbaren Zeichen des technischen Fortschritts entwickelten sich selbst zu einem beliebten Ausflugsziel. Die Konstruktionen der neuen Eisenbahnbrücken zogen Neugierige ebenso an wie manches architektonische Kabinettstück der Gründerzeit. Auf nationalen Industrieausstellungen wurde stolz präsentiert, was die Zukunft ausmachen sollte. Eindeutige Höhepunkte und Publikumsmagnete waren die Weltausstellungen, die monumental und gigantisch die Möglichkeiten von Technik und Industrie zur Schau stellten.

Eine der wichtigsten Attraktionen auf der ersten Weltausstellung in London 1851 war die Ausstellungsarchitektur selbst. Mit der Stahlkonstruktion des Kristallpalasts im Hydepark hatte man Bäume umbaut, die großen Fensterflächen garantierten ein hervorragendes Licht, das von sechs Millionen Menschen im Laufe eines Jahres bestaunt wurde. Das neue Raumgefühl, das Glas- und Eisenkonstruktion schufen, schaffte eine großartige Atmosphäre. 17 000 Aussteller waren zur ersten Industrieausstellung aller Völker gekommen. Neben Maschinen und hochentwickelter Technik wurden Massenprodukte, Alltagsgegenstände, Luxusgüter und Kunstwerke vorgezeigt. Den Utensilien des südamerikanischen Indios wurden die modernsten Webstühle gegenübergestellt. Ein Zeitgenosse nannte die Ausstellung eine umfassende Zusammenstellung des »Weltfleißes«.

Wohlweislich hatten die Organisatoren dieser Riesenveranstaltungen die großen Metropolen ausgewählt, die über genügend Infrastruktur verfügten, um den Besucheransturm bewältigen zu können. Doch bei aller organisatorischen Leistung, der Verkehrsstau blieb auch schon damals nicht aus. Lothar Bucher, der einen Bericht über die Londoner Weltausstellung verfaßt hat, sah es so: »Der Kopf der stehenden Wagenreihe mußte im Hydepark sein, die fahrende Reihe war der Schwanz, der irgendwo weiter hinten, [...] umlenken und sich gerade legen sollte. Mit proletarischer Schadenfreude sah ich auf meinem weiteren Marsche rechts und links aus den fashionablen Stadtteilen die glänzenden Karossen heranströmen, regelmäßig nach Westen lenkend und regelmäßig von den bureaukratisch nivellirenden Konstablern ohne Ansehn der Person nach Osten gewiesen.«

Knapp drei Jahrzehnte später zählte man auf der Pariser Weltausstellung schon 32 Millionen Besucher. Ein Relikt dieser bedeutenden Ausstellung, auf der das Jubiläum der Französischen Revolution gefeiert wurde, ist bis heute einer der beliebtesten Anziehungspunkte für Touristen aus aller Welt. Der 300,5 Meter hohe Eiffelturm hat nichts von seiner Faszination eingebüßt. Auch die folgenden Weltausstellungen haben der Nachwelt bleibende Spuren hinterlassen, ob in Moskau, New York, Melbourne, Barcelona oder in Lissabon, die Anziehungskraft der globalen Show ist ungebrochen. Im Jahr 2000 wird in Deutschland auf der Expo in Hannover um die Zukunft gerungen werden.

Die gigantischen Unternehmen setzen sich in kleineren Dimensionen überall fort und sind zu Erlebniswelten avanciert, die zu beliebten Reisezielen besonders der Freitzeitmobilisten geworden sind. Die Organisatoren haben erkannt, daß neben dem klassischen Hotelgast der Caravan- oder Reisemobilfahrer ein potentieller Gast ist, der auf seine Art und Weise umsorgt sein will. In der Nähe der Kathedralen des 21. Jahrhunderts, den Museen, den Freizeit-, Erlebnis- und Themenparks richtet man sich auf die erlebnishungrigen Nomaden des 20. Jahrhunderts ein. Da die Angebote so groß und überwältigend sind, ist ein Aufenthalt von mehreren Tagen keine Seltenheit mehr, und wer könnte sie besser nutzen als derjenige, der sein Bett gleich in der Nähe der Sensationen aufstellt.

»Sie wollen alles erleben und nichts verpassen. Sie bleiben immer länger, kommen öfter wieder oder machen aus ihrem Themenparkbesuch ein Kurzurlaubsziel für mehrere Tage«, meint Professor Opaschowski anläßlich einer Pressekonferenz im Europapark Rust. Damit diese Kurzurlaube finanziell im Rahmen bleiben, halten viele Besucher, besonders Kleinfamilien, das Reisemobil für das ideale Gefährt.

Dem wachsenden Erlebnishunger kommt die wachsende Zahl an Themenparks neueren Typs entgegen. Tier-, Tivoli- und Märchenparks vergangener Zeit werden in den Hintergrund gedrängt. Die Parks finden sich oft in der Nähe von Ballungszentren und orientieren sich im Prinzip an der von Walt Disney entwickelten Idee des »theming«. Räumlich abgegrenzte Bereiche werden wie Filmkulissen als Freizeitattraktionen geschaffen und ständig erneuert. Die perfekten Kulissen, die künstlichen Landschaften, die aufwendigen Shows und Inszenierungen verzaubern den Besucher. Ziel ist es, durch Imagination den Alltag vergessen zu machen, man will märchenhafte Stunden der Freude, Entspannung und Zerstreuung erleben und genießen. Mit modernen Freizeittechnologien knüpft man an die traditionelle Parkidee an. Der Central Park in New York oder der Luna Park in Coney Island (New York) waren von Anfang an als »dream world« konzipiert. In Deutschland zum Beispiel, wo es mittlerweile ca. 50 Themenparks der verschiedensten Ausrichtung gibt, wurde in den dreißiger Jahren der Hamburger Stadtpark als »Park der 1000 Freuden« gestaltet. Ob in Warner Bros, Moviewelt in Bottrop, dem Europapark in Rust, dem Legoland in Billund, dem Phantasieland in Brühl oder Disneyland Paris, um nur einige anzuführen, die künstlichen Erlebniswelten wuchern, und Zukunftsprojekte liegen bereits in der Schublade. VW zum Beispiel plant eine Erlebnis-Autostadt, in Bremen bemüht man sich um ein Space-Center, und in Bremerhaven soll ein Ocean Park die Menschen in die Tiefen des Meeres abtauchen lassen.

Auch wenn manches Projekt mit Schwierigkeiten startet, wie das Euro-Disney in Paris, dem man schließlich den Namen Disneyland Paris gab, damit der Park in einem Atemzug mit dem romantischen Paris genannt wird, das Angebot wird genutzt, und in der Zauberwelt angekommen, scheint Geld keine Rolle mehr zu spielen. Stolz verkünden die Planer der Freizeitwelten, daß sie es durchaus mit dem Petersdom zu Rom aufnehmen können. Dabei geraten die Katholiken sicherlich ins Hintertreffen, sie haben nur einen Himmel anzubieten, während die Disney-Leute mit verschiebbaren Kulissen immer neue Erlebnisse anbieten können.

Alle diese Freizeiteinrichtungen tragen einem Wesenszug des heutigen Menschen Rechnung, es gilt, »ja nichts zu verpassen«. Was Sozialwissenschaftler in den siebziger Jahren prognostizierten, ist Wirklichkeit geworden: Die Menschen werden immer rastloser. Man will aus jedem Tag, aus jeder Stunde soviel wie möglich herausholen und im Hier und Jetzt leben.

Insbesondere Caravaning, die Mobilität mit Reisemobil und Caravangespann, ist das Symbol für Bewegungsfreiheit an Wochenenden und im Urlaub geworden.

Diejenigen, die vor wenigen Jahren noch mit dem Interrail Ticket in der Tasche nach Paris fuhren, fahren heute mit der Familie im Wohnmobil dorthin. So wie damals in der Bahn wird nun das Transportmittel zum Aufenthaltsraum, in dem man reist, ißt und schläft.

Die mobile Gemütlichkeit wird zu einem hochwertigen Gut. Mit dem Themenparkbesuch bekommen die Caravaner eine zusätzliche Erlebnisqualität geboten, die weit über die reine Erholung hinausgeht. Und man muß nicht das eigene Bett missen, das gemütliche Zuhause und vielleicht sogar nicht einmal das Fernsehen, denn die Sportnachrichten können auch vor den Toren von Paris pünktlich eingeschaltet werden. Das rollende Eigenheim bietet insgeheim mehr als jedes Hotelzimmer, die transportable Privatsphäre mit bestem Familiensinn, wenn auch im Kleinformat. Auf der Suche nach neuen Erlebniszielen sind längst die Termine für Musicals, Formel-1-Rennen, Open-Air-Konzerte, Fußballspiele und die großen deutschen Volksfeste zu festen Koordinaten der Freizeitgestaltung geworden.

Man mag vermuten, daß Freizeitmobilisten besonders die Veranstaltungen im Freien besuchen. Das bestätigt sich nur bedingt, denn der Mix aus Kultur und Entertainment, der besonders in der Musicalwelt herrscht, läßt manchen seinen Trainingsanzug mit dem Abendanzug oder dem kleinen Schwarzen wechseln, um einen Galaabend zu erleben. Der Freizeitmobilist macht sich fein, das berichtet auch ein Camper aus dem Rheinland, der sich im Paris der fünfziger Jahre vergnügte.

»Wenn ich im Ritz oder im George V. abgestiegen wäre, hätte mich das alles wahrscheinlich nicht so innerlich berührt, wie es geschehen ist, als ich Ostern in Paris ankam und aus dem soeben aufgebauten Zelt in die Oper fuhr. So als ob es nichts Normaleres gäbe, als 565 Kilometer mit dem Wagen zurückzulegen, im Bois de Boulogne sein Zelt aufzubauen und dann zu einem Schmaus für Ohren und Augen in jenen Kunstpalast zu eilen, der seit je mit an der Spitze der europäischen Häuser dieser Art gestanden hat. Für den Bewohner des Ritz oder gleichrangiger Häuser wäre der Besuch in der ›opéra‹ wohl eine Selbstverständlichkeit gewesen, die mit Teppich belegten Fluren des Hauses, den Silberbestecken und en sechs ›Plats‹ des Soupers auf einer Stufe lagen. Für den Mann (und die Frau natürlich), die aus ihrem soeben aufgebauten ›Haus‹ im Bois de Bologne kamen, war der Rameau, die große Tanzkunst der Stars und die glänzende Regie dieses österreichischen Sonderballetts (mit Sonderpreisen) aber mehr als eine snobistische Selbstverständlichkeit – das war vielleicht mehr ein Bekenntnis zu den höheren Dingen dieser Welt, zu denen das Camping ebenso gehört, wie Rameau und der Beaujolais.

Es war eine 49er Flasche, die wir mit nach Hause brachten, kein ›premier cru‹, aber immerhin ein trinkbarer Tropfen, der die Rhythmen und tänzerischen Weisen des Rameau noch vertiefte. ›Nach Hause‹ ist gut. Ins Zelt meine ich. Als wir nachmittags, so etwa gegen sechs, über die Außenboulevards durch lange, die Kreuzungen vermeidende Tunnels gingen, hinter dem Triumphbogen am großen Stern ankamen, hatten wir nur noch zwei Minuten bis zum Zeltplatz im Bois, dicht bei der Brücke nach Suresnes, kaum zehn Minuten vom Herzen Paris entfernt. Aber da waren wir gar nicht allein, obwohl das Thermometer kaum mehr als sieben bis acht Grad über Null zeigte. Abends waren es sogar noch weniger, aber dann half der Beaujolais darüber hinweg – und das Zeltöfchen. Zwischen einem französischen Lehrerpaar aus der Normandie und einem englische Anhängerzelt fanden wir ein Plätzchen, gegenüber lagen Leute aus Bern, weiter hinten stand ein deutscher Volkswagen und viele Zelte, deren Bewohner wohl noch alle ›en ville‹ waren, als wir uns Abendtoilette anlegten und wieder abfuhren.

Dann kam Rameau zu seinem Recht und später auch der Beaujolais, für 2,80 DM etwa nach unserem Geld. Als das Zeltöfchen wohlige Wärme verbreitete und die bauchige Flasche aus dem Burgund geöffnet auf dem Tisch stand, ›klopfte‹ es am Zelt: der französische Nachbar erschien zur ›Antrittsvisite‹. Er will nächstens in das Rheinland fahren und erkundigte sich nach Zeltmöglichkeiten. ›Wenig, wenig‹, mußten wir sagen. ›Aber kommen Sie nur, Sie werden viele Gleichgesinnte finden!‹ Das ließ ihn dann an seinen ›Weinschrank‹ eilen, aus dem er einen Sancrerre mitbrachte, der sich zwar mit dem Beaujolais nicht recht vertragen wollte, aber die Eintracht der Nachbarn festigte.

Als man dann nach fünf Tagen wieder bei den Freunden ankam und ihnen erzählte, daß man für vier Tage Paris, trotz ›opéra‹, trotz Beaujolais, trotz Louvre und anderer Dinge (eingeschlossen ein Souper im Hallenviertel) und einschließlich Benzin wenig mehr als 120 DM ausgegeben hätte, wollte es keiner glauben. Aber die farbigen Berichte bewiesen es und die leuchtenden Augen, die von einem Camping-Erlebnis mehr erzählten.«

Ähnlich werden wohl auch viele andere Camper berichten, die seit Jahren die Campingplätze in der Nähe der Metropolen nutzen, um von dort aus dem kulturellen Leben der besuchten Stadt zu frönen. Mit der Bereitstellung von Stellplätzen für Wohnmobile versuchen findige Fremdenverkehrsämter, die Erlebnisnomaden mit dem Bett in ihre Städte zu ziehen, damit auch diese Zielgruppe nicht an der geliebten Stadt vorbeifährt.

Die Campingplätze im Einzugsgebiet der Großstädte profitieren auch von Großveranstaltungen. So ein Campingplatzbetreiber aus Berlin freut sich jedes Jahr wieder auf die Love Parade, denn »die jungen Leute schlagen ihr Zelt auf, machen sich witzig und ziehen dann los, um ihr Fest zu feiern. Randale bei der Rückkehr gibt es nicht, die haben sich ausgetobt.«

Wintercamping, ein kalter sonniger Traum

Auf den ersten Blick scheint Wintercamping etwas für Verrückte zu sein, doch bei näherem Hinsehen scheidet sich hier einfach die Spreu vom Weizen. Denn Wintercamping ist Nomadenleben pur, hier finden Naturliebhaber alles, was ihr Herz begehrt: Stille und Sturm, Freiheit und Abenteuer – gerade in der scheinbar unwirtlichen Jahreszeit gewinnt die Herausforderung, in freier Natur zu leben, den Launen des Klimas mit Genuß zu trotzen, an besonderem Reiz.

Wem die morgendliche Kälte nicht als Strafe sondern als Erfrischung gilt, wer nicht die vollklimatisierten Räume eines Wintersporthotels sucht, sondern die endlosen Weiten der Schneefelder, der sollte das Wintercamping einmal ausprobieren. Es ist schon etwas Besonderes und Einzigartiges, mit der Pudelmütze auf dem Kopf an einem klaren Wintertag vor dem Zelt zu sitzen und eine Tasse heißen Kaffee zu trinken, um dann auf die Skier zu steigen und durch die weiße Landschaft zu gleiten. Für die Kinder ist es mit Sicherheit ein besonderes Abenteuer, wenn sie sozusagen aus dem Bett heraus auf den Schlitten fallen. Und frieren muß man beim Wintercamping schon lange nicht mehr. In unseren Tagen steigt man meist nicht mehr aus dem Zelt, sondern aus dem wohltemperierten Wohnwagen oder einem Reisemobil – das heißt, Romantik verbindet sich mit Behaglichkeit, Komfort in einer weiten winterlichen Landschaft.

Eintausend Wintercampingplätze gibt es in Deutschland, und allein in der Saison 1977/98 zählte man 27 Millionen Übernachtungen in den europäischen Wintersportgebieten. Auch in den Alpenländern Schweiz,

Camping im Schnee

Österreich, Frankreich und Italien wächst die Zahl der Plätze, die auch im Winter ihre Pforten geöffnet haben. Vor allem die Camper aus den Beneluxländern zieht es auch im Winter mit ihren Caravans in die Berge, da die Wintersportmöglichkeiten in diesen Ländern aufgrund der geographischen Gegebenheiten beschränkt sind.

Die Lebensart der Eskimos nachzuahmen, bedarf schon einer gehörigen Portion Entschlossenheit und Vorbereitung. Die Campingausrüstung aus dem Sommer eignet sich allerdings, entsprechend aufgestockt, auch für den Winter. Ein Blick auf das Angebot von Out-door-Anbietern zeigt zur Genüge, daß Daunenschlafsack und Isoliermatte den Strohsack erfolgreich verdrängt haben. Camping im Schnee ist nicht zuletzt wegen des gestiegenen Angebots an hervorragender Winterausrüstung im Laufe der letzten Jahre interessant geworden. Das Wissen, daß auch die Eskimos mit einer kleinen Tranlampe eine behagliche Wärme in ihrem Iglu schaffen, daß die Lappen den Winter in einem Zelt verbringen, worin die Wärme genau reguliert werden kann, reizt zur Nachahmung und beruhigt.

Denn aufregender als Sommercamping ist Wintercamping allemal – wie schon ein Schweizer zu berichten wußte, der seine Ratschläge 1960 folgendermaßen für den interessierten Camper zusammenfaßte:

»Vorausschicken müssen wir, daß das Zelten in der winterlichen Alpenwelt, abseits aller menschlichen Behausungen, sehr gefährlich ist. Dazu braucht es alpinistische Erfahrungen, hartes Training und weitgehende Kenntnisse aller Gefahren, die unsere Alpenwelt in ihrer Schneedecke verbirgt. Dabei denken wir weniger an den wesentlich schwierigeren Nachschub von Lebensmitteln, sondern an Schneestürme und Lawinen. Versuchen Sie es lieber nicht und besonders nicht alleine.

Auf Zeltplätzen oder in Winterlagern ist das Zelten gar kein Problem, und beim Wohnwagen ist es nur eine Frage, ob der Zugwagen stark genug ist, um den Anhänger über verschneite und vereiste Strecken ans Ziel zu bringen. Auf Zeltplätzen sind wir aber immer in der Nähe menschlicher Siedlungen, wo unter Umständen Hilfe geholt werden kann, sowie einer warmen Stube. Wenn auch unsere Zelte für den Winter recht dünne Wände besitzen, so sind sie doch alle doppelwandig, und das ist schon der erste Schritt zur Isolierung. Das menschliche Herz verträgt die Kälte sehr gut, wenn wir uns richtig ernähren, wobei Fett besser als Alkohol ist! Zum Schlafen benutzen wir am besten einen doppelten Schlafsack oder Decken, die nicht zu schwer sind, weil sich sonst zwischen ihnen kein Luftpolster bilden kann. Dies erst gibt uns den nötigen Schutz selbst bei großer Kälte. Eine Luftmatratze ist als Bett weniger geeignet, weil sie zu sehr kältet, Schaummatratzen sind schon besser. Am besten eignet sich jedoch der Strohsack, der durchaus nicht so voluminös sein muß wie die Federbetten der Prinzessin auf der Erbse. Eine Lage von zehn Zentimetern genügt vollauf. Feldbetten, die man heute immer mehr in den Zelten sieht, lassen sich auch verwenden. Hier muß man aber unterm Feldbett eine Lage Stroh ausbreiten und übers Feldbett eine große Decke, die, wenn möglich, seitlich bis zum Boden reicht. So schlafen Sie vorzüglich, weil keine Zugluft unterm Bett entsteht.

Es ist eine irrige Ansicht, wenn man glaubt, daß man zum Schlafen zwanzig Kleidungsstücke anziehen müsse. Man mache es sich zur Regel, abends, wenn man ins Bett geht, frische, trockene Wäsche (auch wenn sie kalt ist) anzuziehen. Darüber kommt noch der Trainingsanzug und an die

Füße ein paar wollene Socken. Die gymnastische Übung, die mit dem Umziehen verbunden ist, erwärmt unseren Körper genügend, und wir werden großartig schlafen, selbst bei 20–30 Grad unter Null.«

Soweit das Urteil eines erfahrenen Campers, der als Bergsteiger schon in mancher Mulde auf großer Höhe sein Zelt aufgeschlagen hat.

Was so herrlich unerschrocken klingt, wurde in der breiten Öffentlichkeit lange Zeit mit Naserümpfen beobachtet und in Zeitungskommentaren ironisch beschrieben. In einem »Streiflicht« der *Süddeutschen Zeitung* aus dem Jahre 1958 heißt es anläßlich der Winterrallye des Deutschen Camping Clubs am Tennsee bei Krün-Mittenwald beispielsweise:

»Keinen fortschrittlich denkenden Menschen kann die Entwicklung verwundern. Der Campinggedanke war, das mußte jedem klar sein, auf die Dauer nicht auf die sommerliche Jahreszeit zu beschränken. Der moderne Mensch verlangt heute nach immer stärkeren Kontrasten, und die sind beim Wintercamping zweifellos gegeben. Bringt das Sommercamping Lärm, Unrast, stete Fluktuation, so lockt den winterlichen Gemeinschaftszeltler eine andere Atmosphäre: die Ruhe einer bislang noch zuverlässig schweigenden Landschaft und die Strenge der Natur. Sich ihr auszusetzen, erfordert von den Sportfreunden, die sich im Zelt um die kaminlosen Öfen lagern, manche Entbehrung. Aber gerade diese freiwillige Flucht aus dem Luxus und der gewohnten Bequemlichkeit mag den eigenen Reiz des neuen Genres ausmachen. Drei frostklirrende Nächte, unter dünnem Zeltdach verbracht, gemahnen den Erfolgsbürger an böse Zeiten von gestern (oder morgen) und lassen ihn sein zentralgeheiztes Heim erst wieder richtig wertschätzen. Das für überholt gehaltene Nietzsche-Wort ›Gelobt sei, was hart macht‹ wird hier auf neuartige Weise erprobt. Und noch etwas Gutes springt dabei heraus: Nachdem wir seit Jahren keinen richtigen Sommer mehr hatten, dürfte das Wintercamping die beste Vorbereitung auf die kühlen Zeltmonate Juli und August werden. So kommen mancherlei Gesichtspunkte zusammen, welche uns diese neu erdachte Bleibe des stets unbehausten Menschen begrüßen läßt.«

Was Journalisten belächeln, klingt im Stimmungsbild eines damaligen Teilnehmers an dieser Winterrallye ganz anders:

»Erwartungsgemäß beherrschten die Wohnwagen aller Größen und Fabrikate das Bild, sie hatten eine große Wagenburg um den Mittelplatz gebildet, auf dem die Zelte standen, soweit sie sich nicht zwischen die Caravans gekuschelt hatten. Aus allen Bauten des Platzrandes krochen

Weihnachten auf Stroh

Kabelschlangen zu den rollenden Wohnuntersätzen. Eine der schönsten und höchsten Fichten des Platzes war mit Glühlampen bestückt und strahlte festliche Weihnachtsstimmung in die lange Nacht. Noch traulicher schimmerte der kleine Lichtbaum in der Apsis des Zeltes eines Cannstätter Paares.«

In den sechziger und siebziger Jahren entdeckten immer mehr Wohnwagenfahrer das Wintercamping. Zwar war es nicht immer leicht, mit dem Gespann auf eisglatten und verschneiten Straßen den gewünschten Platz zu erreichen, aber mit entsprechender Erfahrung und wachsender Fahrpraxis bezwang so mancher den einen oder anderen Alpenpaß. Vorausschauende Camper reservierten schon im Herbst einen Winterplatz und brachten den Caravan auch gleich an Ort und Stelle, um ihn erst im Frühjahr wieder abzuholen. Wem das nicht möglich war, der packte Schneeketten ein und einen Sack Sand und machte seinen Caravan vor allem wintertauglich. Damit die rollende Skihütte zur komfortablen Angelegenheit wurde, galt es darüber hinaus die entsprechende Heizmethode zu wählen – ob mit elektrischen Heizstrahlern, Propan- oder Ölöfen oder gar mit einem Kohleofen, man wollte auch im offenen Hemd auf die weiße Landschaft schauen können.

Die Campingclubs organisierten in der Weihnachtszeit zunehmend Winterlager, um das Camping als Freizeitgestaltung für das ganze Jahr populär zu machen. Dank immer besser isolierter Wohnwagen und ausgereifterer Heizungssysteme ist es mittlerweile für viele Camper keine Frage mehr: sie feiern Weihnachten lieber im Kreise von Campingfreunden auf einem verschneiten Platz.

In den europäischen Wintersportgebieten spielen die Freizeitmobilisten eine immer größere Rolle. Aus den vermeintlich »harten« Wintercampern sind Genießer mit Komfortansprüchen geworden. Immer mehr Campingplätze bleiben ganzjährig geöffnet, um ihre Gäste empfangen und versorgen zu können. Und so verwundert es nicht, daß man von mancher Skipiste oder Loipe auf einen vollbesetzten Campingplatz schauen kann, wo die Kamine der Caravans rauchen. Der Vorteil, mit dem rollenden Heim in winterlichen Gefilden unterwegs zu sein, liegt auf der Hand: Sollte es mal keinen Schnee geben oder zuviel Betrieb herrschen, kann man einfach weiterziehen. So wird Mobilität auch auf winterlichen Straßen zum Vorteil. Die Platzbetreiber hingegen bemühen sich, die Gäste für eine längere Zeit im Winter auf ihrem Campingplatz zu halten, damit sich die höheren

Winterfreuden

Investitionen auch rechnen. So gibt es allerorten winterliche Beschäftigungsprogramme, vom geführten Wandern im Tiefschnee bis zur rasanten alpinen Abfahrt. Nur um die Betten müssen sie sich nicht kümmern, denn die haben die Gäste bereits dabei.

Seit den fünfziger Jahren werden jährlich die beliebten Winterrallyes der verschiedenen Campingclubs veranstaltet. Hans Behrmann, einer der aktivsten Pioniere der Schweizer Campingbewegung, hat viele dieser winterlichen Ausfahrten organisiert und besucht. Sein Bericht über solche hitzigen Treffen in der kalten Jahreszeit, »Neujahr auf welsche Art« aus dem Jahre 1957, hat bis heute nichts an Aktualität verloren:

»Was wir schon lange gewünscht hatten, ist endlich Tatsache geworden: ein Neujahrs-Zeltlager in der welschen Schweiz. Um es gleich vorwegzunehmen: Unsere Waadtländer Freunde haben ihre Sache tadellos gemacht. Schon die Wahl des Ortes – Les Diablerets – war ein glücklicher Gedanke, nicht nur, weil der VSCC dort einen seiner schönsten Zeltplätze und ein großes Chalet besitzt, sondern vor allem, weil dieser aufstrebende Kurort unterhalb des Pillon-Passes jedem etwas zu bieten hat: dem Skifahrer eine Auswahl lockender Hänge, durch fünf Skilifts und eine leistungsfähige Gondelbahn erschlossen; dem Schlittschuhläufer eine tadellose Eisbahn; dem Nichtsportler zahllose reizvolle Spazierwege, und allen zusammen gepflegte Gaststätten für jeden Geschmack und genügend Gelegenheiten für Après-Ski-Amüsements.

Hier also, angesichts der mächtigen Berggruppe der Diablerets, entstand vom 29. Dezember bis 2. Januar 1957 das 14. Schweizerische und Internationale Neujahrs-Zeltlager des VSCC, das sich würdig an seine Vorgänger anreiht. Der Genauigkeit halber sei festgestellt, daß schon vom 22. Dezember an einige Unentwegte ihre Zelte in Les Diablerets aufgestellt hatten. Daß wir zum ersten Mal zu ihnen kamen, war unserem welschen Kameraden Grund genug für ein großes Fest. Und man müßte sie schlecht kennen, um nicht zu wissen, daß sie das Festen verstehen. Das merkte man gleich bei der Ankunft. Schon der Bahnhof war mit unzähligen Wimpeln geschmückt und der Weg zum Lager mit Transparenten gekennzeichnet, welche die Zeltler willkommen hießen. Am Lagereingang war ein riesiges Tor aufgebaut, von dem nachts viele farbige Lampen herunterleuchteten.

Nun war man also im Lager und schritt durch die von Fahnen eingesäumte ›Grande Avenue‹. Rechts davon war das Wohnwagenlager, links dehnte sich die Zeltstadt aus. Obwohl die französischen Caravaniers wegen der Benzinrationierung ausgeblieben waren, hatten sich doch gut 20 Wohnwagen eingefunden, von denen einer sogar aus Amsterdam gekommen war. Das Gros der Teilnehmer stellten aber doch nach wie vor die Zeltler. Mitten im Zeltlager erhoben sich die Masten mit der großen Schweizer Fahne.

War dergestalt der festliche Rahmen gegeben, so ließen auch die Veranstaltungen selbst nichts zu wünschen übrig. Wir können sie hier nur stichwortartig erwähnen. Samstag, 29. Dezember: Nachtfest auf dem Eisfeld, Fackelfahrt der Skischullehrer und anschließend ein gelungener Filmabend. Sonntag früh offizielle Eröffnung mit Ansprachen von Kantonsrat Pichard, Gemeindepräsident Morerod und Pfarrer Mundler. Abends stieg der große Campingball, ein Höhepunkt des Lagers, von dem kaum einer vor 3 Uhr früh heimkehrte – das sagt wohl genug über die Stimmung, die herrschte.

Der Silvesterabend brachte den zweiten Höhepunkt, den Fackelzug durch das Dorf und das anschließende Steigenlassen des beleuchteten Neujahrsballons, der steil in den Himmel stach, ein gutes Jahr verheißend. Besonderen Ausklang fand darauf der traditionelle, im Freien gebraute Glühwein. Es dauerte nicht lange, bis die 80 Liter dieses edlen Tranks Temperatur und Stimmung erheblich gesteigert hatten. Der Neujahrstag vereinigte die sportlichen Teilnehmer zu Slalom- und Abfahrtskonkurrenzen, für die am Abend viele schöne Preise verteilt wurden.

Verteilt wurden bei dieser Gelegenheit auch die so begehrten ›Schneesterne‹, die Ehrenabzeichen der Wintersportler. Ihrer 214 wurden neu in die Gilde der Schneecampeure aufgenommen.

Ja, und damit wären wir bereits am Schluß der Ereignisse, denn was am Mittwoch kam, das war das Einziehen der Fahnen, der Abbruch der Zelte, das Abrollen der Wohnwagen, aber von solch traurigen Dingen schweigen wir lieber.

Gesagt sein muß es aber, daß trotz der großen Teilnehmerzahl – 351 Personen aus 7 Ländern – eine fröhliche Atmosphäre herrschte und wohl jeder auf seine Rechnung kam. Dies aber danken wir unseren Kameraden vom Camping Club Vaudois.«

Das Bild vom Wintercamping heute ist sicherlich ein anderes, doch die wesentlichen Elemente sind geblieben. Den Tag über wird Wintersport in allen Varianten betrieben, und des Abends frönt man der Geselligkeit. Die traditionellen Clubausfahrten zum Jahreswechsel erfreuen sich wachsender Teilnehmerzahlen, und das Fahnehissen ist dem heutigen Camper noch genauso wichtig, denn man will sich unterscheiden von denjenigen, die im Hotel das Fähnchen eines Reiseveranstalters überreicht bekommen haben.

Dauercamping oder die Reize der Gewohnheit

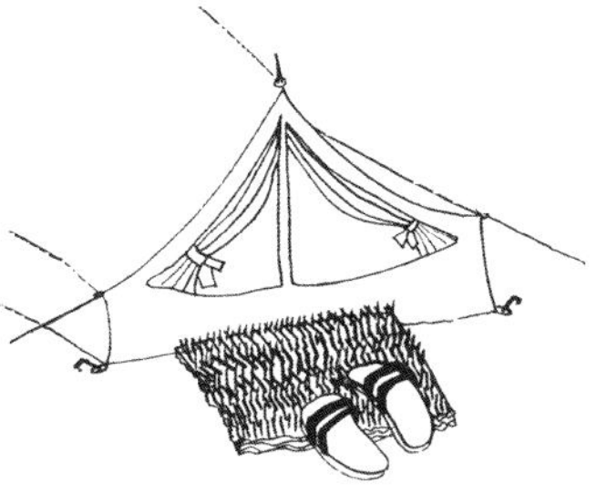

Immer wenn in einem schnöden und abfälligen Ton vom Camping geredet wird, dauert es nicht lange, bis man auf die Dauercamper zu sprechen kommt. Eigentlich sind sie ein Paradox. Sie wollen Camper sein wie jene, die sich jedes Jahr auf Tour begeben, installieren aber ihren Wohnwagen fest auf einem ausgesuchten Platz und bewegen ihn oft Jahre nicht. Wer Camping als mobile Reiseform versteht, läuft hier im wahrsten Sinne des Wortes gegen einen Gartenzaun. Die Dauercamper selbst sind überzeugt, daß ihre Form des Campings durchaus dem Sinn dieser Urlaubsart entspricht. Auch wenn ihre Wohnwagen und Zelte im jahrelangen Stillstand verharren. Das Leben nahe der Natur, die Geselligkeit und die ungezwungene Freiheit unter Gleichgesinnten sind ihnen ebenso wichtig wie jedem umherreisenden Camper. Es gibt kaum einen Campingplatz in Europa, der nicht Dauerstellplätze bereitstellt. Meist machen die Dauercamper sogar 50 Prozent oder mehr der Gäste aus. Für viele Betreiber von Campingplätzen sind diese Gäste oft der einzig kalkulierbare finanzielle Posten. Unabhängig vom Wetter reservieren sie oft auf Jahre ihren Dauerstellplatz, und als Stammgäste tragen sie mit dazu bei, daß eine familiäre Atmosphäre auf dem Campingplatz herrscht. Die heikle Frage, die bis heute nicht verstummt ist, wer nun der »richtige« Camper sei, läßt sich letztendlich nicht beantworten. Die Toleranz der Camper muß sich hier immer wieder aufs neue beweisen, denn das Nebeneinander von Menschen, die sich mit ihren hochgebockten Wohnwagen auf dem Campingplatz auf Dauer eingerichtet haben, und jenen, die auf der Durchreise sind, ist oft spannungsgeladen.

Nicht selten fühlen sich die »Ewigen« als Eigentümer des ganzen Platzes. Die Reisenden hingegen fühlen sich in der freien Wahl des Stellplatzes eingeengt. Es kommt auf das Fingerspitzengefühl der Platzleitung an, nicht nur die Spannungen abzubauen, sondern Voraussetzungen zu schaffen, die möglichen Problemen den Grund entziehen. Die meisten Betreiber haben daher ihr Gelände so angelegt, daß die Kolonie der Dauercamper ungestört von den Durchreisenden liegt.

Dauercamping ist eine Form der Naherholung. Meist liegen die beliebten Plätze in gut erreichbaren Erholungsgebieten in landschaftlich schöner Lage. Doch nicht immer. Ein Campingplatz, auf dem sich überwiegend Dauercamper aufhalten, konnte mir trotz seiner mittlerweile »verbauten Lage« auf Jahre keinen Dauerplatz anbieten. Auch wenn ein kleiner beschaulicher Fluß in der Nähe fließt, der Platz liegt alles andere als idyllisch: in unmittelbarer Nähe einer Autobahn, während bestimmter Zeiten in der Einflugschneise eines großen Flughafens, und der angrenzende Wald wird als Truppenübungsplatz einer Armee genutzt.

Ich wollte die Probe aufs Exempel machen und mischte mich in der gut besuchten Campingklause unter die Dauercamper und kam bald in ein Gespräch mit einem Mechaniker, der in einem großen deutschen Autokonzern in der Entwicklung tätig ist und fast jede freie Minute auf dem Campingplatz verbringt, am Wochenende mit Familie.

Ernst, so stellte er sich mir vor, war um die Fünfzig und Vater von drei Kindern. »Ja, es ist schwierig, hier einen Platz zu bekommen. Hören Sie, wir sind jetzt schon in der zweiten Generation hier. Mein Vater hatte ein großes Zelt mit Holzboden, wir haben jetzt einen 6 m langen Wohnwagen, mit allem Drum und Dran. Die Kameradschaft ist hervorragend.« Ich traute mich nicht zu fragen, ob es denn hier nicht zu laut sei, und als hätte Ernst es geahnt, fuhr er fort: »Natürlich, früher war es ruhiger hier. Der Verkehr hat enorm zugenommen, aber wir bleiben trotzdem. Schließlich haben wir den Platz mitgebaut. Und unsere Parzelle hat im Laufe der Zeit auch eine Menge Geld gekostet, die läßt sich nicht so einfach verpflanzen.« Die Frage, warum er sich denn kein Ferienhaus gebaut habe, beantwortet der überzeugte Dauercamper: »Nein, das ist ganz was anderes. Hier haben wir eine Gemeinschaft, und jeder hilft jedem. Egal, woher er kommt. Nein, Camping ist was anderes. Und primitiv ist es schon lange nicht mehr. Als ich mit meinen Eltern am Wochenende hierherkam, haben wir Kinder genauso im Flüßchen gepaddelt, wie unsere Kinder es heute tun.« Ich hörte

Opa Eckhoff vor seiner Laube

mir noch die lange Familiengeschichte an, und als ich mich verabschiedete, bedauerten viele, daß ich meinen Wohnwagen nicht ebenfalls hier aufstellen könnte. »Na, man erzählt gerne, wenn Gäste kommen. Denn sonst sind wir meistens unter uns.«

Der nächste Campingplatz, den ich besuchte, lag in einem schönen ruhigen Bergtal im Westerwald unweit des Siebengebirges. Es war gar nicht so einfach, die Zufahrt zu finden. Auf meine Frage, ob ich mir den Platz einmal anschauen könnte, antwortete ein älterer Herr in Shorts und Wanderstiefeln kurz: »Nein, wir wollen nicht gestört werden.« Als ich daraufhin vorschlug, später noch einmal vorbeizuschauen, meinte er: »Hier gibt es nichts zu sehen, lassen Sie den Leuten doch ihre Ruhe.« Ich gab auf und fuhr zum nächsten. Auf dem idyllisch gelegenen Platz an der Ahr in der Eifel, der auf einem Hügel umgeben von Weinfeldern lag, wurde ich herzlich von dem Platzwärter empfangen: »Zum Dauercamping gibt es nicht viel zu sagen. Es sind meist Städter, die in ihrer Nähe ein zweites Heim im Grünen haben wollen. Bei uns wechseln die Gäste selten.«

Ob die verbauten Wohnwagen denn noch etwas mit Camping zu tun haben, beantwortete der freundliche Mann mit: »Ist schwer zu sagen. Heutzutage will ja keiner mehr auf etwas verzichten. Am Wochenende können Sie hier immer das Neuste vom Neuen aus dem Baumarkt sehen. Dann wird gehämmert und gezimmert. Aber es ist schon schön, so eine Geselligkeit wie hier finden Sie kaum.« Bei einem Glas Ahr-Rotwein erzählte er mir, daß er selbst kein Camper sei, aber nach der Frühpensionierung hätte sich die Beschäftigung als Platzwart angeboten. »Ich sorge dafür, daß alles funktioniert, und am Abend fahre ich nach Hause.«

Die Menschen, die ich in »ihrem« Naherholungsgebiet antraf, waren begeisterte Geschichtenerzähler, die schnell vom Thema Camping zu Familiengeschichten wechselten. Dauercamping war für sie lediglich eine Form, den Feierabend und das Wochenende in Ruhe im Grünen zu verbringen. Die meisten Gesprächspartner waren Pensionäre, aber auch junge Familien mit Kindern zeigten mir ihren festen Platz, den sie nicht missen wollten. »Wenn die Kinder größer sind, fahren wir vielleicht auch mal anderswohin. Zwischendurch haben wir auch schon einmal eine Pauschalreise gemacht. Aber wenn das Wetter halbwegs gut ist, sind wir lieber hier.« Und der hinzugekommene Nachbar kommentiert: »Warum so weit weg. Schauen Sie mal, man hat alles, was man braucht, ganz wie zu Hause.« Peter aus Frankfurt lud mich dann auch ein und erzählte mir später, daß er nur eine dreiviertel Stunde Anfahrt hätte, und meinte stolz: »Wer wohnt schon so nahe an seinem Urlaubsort. Wir haben schon früh erkannt, daß ein Campingplatz das Richtige ist. Heute kommen uns die Kinder mit den Enkeln besuchen. Die werden das alles mal erben.«

Ich stehe mit Peter vor seinem Wohnwagen, den ich nur schwerlich als solchen erkenne. Er steht an einem Hang wie auf Stelzen. Eine Treppe führt auf einen bayrisch anmutenden Balkon. Darunter steht ein Bootsanhänger mit Segelboot auf weißem Kies, davor ein Opel-Kombi. Die Treppengeländer hängen voller Topfpflanzen, die in allen Farben blühen. »Kommen Sie doch hoch, von hier oben haben Sie einen herrlichen Ausblick.« In der Tat, man schaut auf die weite Talsperre, und nichts stört den Blick. »Hier sitze ich abends und genieße die Sonnenuntergänge. Meine Frau meint immer, davon wird man besoffen.« Wir setzen uns auf die universalen weißen Kunststoffstühle, und die Ehefrau, eine Dame um die Sechzig, bringt gleich zwei Flaschen Bier. Ich schaue durch die Gardinen und sehe den Fernseher flimmern. Ein kleiner Spitz läuft aufgeregt auf dem

Fensterbrett hin und her, bellt aber nicht. »Der ist schon zu alt und hat schon zu viel gebellt«, meint mein Gastgeber. »Wissen Sie, wir sind eine verschworene Gemeinschaft hier auf dem Platz, auch heute noch. Wer neu dazukommt, der muß sich erst mal bewähren.« »Nein«, fällt ihm seine Frau ins Wort, »ist doch Quatsch. Hier läßt jeder jeden in Ruhe, und wenn es ein Problem gibt, dann ist immer noch der Platzwart da. Mit dem sollten Sie reden.« Sprach sie und verschwand. Das Gespräch dauerte lange, und ich bekam alle Verbesserungen am stillstehenden Wohnwagen erklärt, der demnächst ein richtiges Dach bekommen soll. Auf dem Weg zum Ausgang machte ich noch am »Rondell« halt, wo der Platzwart in einer kleinen Schänke seine Gäste bediente. Schon bei meiner Ankunft hatte er mir gesagt, worauf er aufpassen muß: »Nicht daß der Wasserhahn tropft, sondern daß die Platzhirsche sich nicht ins Gehege kommen. Ich bin mehr Psychologe als Aufseher, von Hause aus aber bin ich Schlosser. Die Leute hier sehen und hören alles und machen aus jeder Fliege einen Elefanten. Viele haben zuviel Zeit. Nach zehn Jahren Dienst auf dem Platz habe ich manchmal schon die Nase voll. Meine Frau und ich wohnen nicht auf dem Platz, Gott sei Dank. Oft geht es lustig zu, das entschädigt dann für vieles. Man kennt halt seine Pappenheimer. Und die Beerdigungen, die hier nachgefeiert werden, häufen sich. Schauen Sie mal da hinten, bloß weil die Pacht für drei Jahre im voraus bezahlt worden ist, kann ich den alten Kram, der immer mehr zusammenfällt, nicht wegräumen. Die meinen, das ist man dem alten Paul schuldig.«

Sicherlich erfüllen die etwa 700 000 deutschen Dauercamper viele Klischees, die schnell denjenigen anhaften, die sich Traditionen verbunden fühlen, aber letztlich sind Dauercamper Leute, die in nahen heimatlichen Gefilden ihre Erholung auf sehr eigene Weise gestalten. Der Anteil an jungen Familien unter den Dauercampern wächst, auch wenn die Pensionäre bis heute den größten Teil ausmachen.

Die heutigen Pensionäre haben oft den Platz mit aufgebaut. Kurt Spormann schildert, wie es in seinem Club dazu kam, daß man einen Zeltplatz aus eigener Kraft geschaffen hat. Seine Schilderung wurde 1956 in *Camping* veröffentlicht.

»Es begann an einem Clubabend im tiefen Winter. Meier prahlte mit seinen Tauschgeschäften in Jugoslawien. Müller fluchte immer noch wegen seines in Napoli gestohlenen Koffers, Schulze erzählte unwahrscheinliche Geschichten von einer nackten Meermaid in Kopenhagen, und Leh-

Das Land- oder Winkelhaus aus der Serie LUXUS fügt sich in jede Landschaft ein

mann träumte versonnen von der rassigen Französin in St. Raphael, von deren näheren Bekanntschaft ihn nur hartes Geschick in Gestalt seiner ihm angetrauten Gattin bewahrt hatte. So etwas Schönes müßte man auch mal in der Nähe erleben können, seufzte der Mopedfahrer in der Ecke. Und das war eigentlich die Geburtsstunde unseres Zeltplatzes! Es stellte sich nämlich bald heraus, daß alle unsere Globetrotter, so sehr es sie auch einmal im Jahr in die Ferne treibt, das Bedürfnis haben, an Wochenenden ihr Zelt an einem ruhigen Plätzchen aufzuschlagen, anstatt auf überfüllten Straßen Dieselgestank zu inhalieren.

Wir gingen sofort ans Werk. Wir putzten die Augen und spitzten die Ohren, um ein passendes Gelände ausfindig zu machen. Das war gar nicht einfach in einer Gegend, in der man am liebsten auf jede freie Grünfläche ein neues Ministerium setzen möchte. Wenn man nicht weiter weiß, erläßt man einen Aufruf an das Volk und setzt eine Belohnung aus. So auch der Club.

Wir versprachen fünfzig Deutsche Mark in bar an denjenigen zu zahlen, der uns einen Platz nachweisen würde, der folgende Eigenschaften hätte:

1. Natürlich müßte er in einer schönen Landschaft liegen, möglichst in einem Umkreis von 25 Kilometer von Bonn, damit lange Anmärsche vermieden werden und Besuche in den Feierabendstunden noch lohnend sind.
2. Er müßte mit dem Auto gut erreicht werden können, doch von der Straße so weit entfernt sein, daß noch nicht einmal das Donnergetöse jugendlicher Motorradfahrer die Siesta stören könnte.
3. Wald und Wiese müßten glücklich kombiniert sein, damit die Bleichen braun und die Sommersprossigen beschattet werden. Außerdem sollte ein Tümpel, ein Bach oder vielleicht sogar ein kleiner Fluß vorhanden sein, weil Wasser immer geeignet ist, die träge Ruhe und tödliche Langeweile eines Platzes jäh zu unterbrechen, denn etwas fällt immer ins Wasser, sei es ein Hemd, ein Kind oder sogar der Opa.
4. Außerdem wurde ein Gasthaus in erreichbarer Nähe gewünscht, in dem die Faulen essen, die Geschäftigen telefonieren und die Kinder das Apfelsinchen für ihr Bauchweh erhalten können.

Wir wußten, daß es leichter war, Amerika zu entdecken, als so ein Plätzchen zu finden. Doch wir hatten Glück und unser Kassierer Pech. Er mußte blechen und wir hatten ein ideales Stückchen Erdoberfläche – zunächst allerdings nur in Aussicht, denn es bedurfte noch langwieriger Verhandlungen mit der bejahrten Eigentümerin, bis wir diese überzeugt hatten, daß Campen durchaus etwas Ehrbares sei und die Camper ihre auf der Nachbarwiese weidende Kuh nicht belästigen würden. Unser Campingplatz liegt 3 Kilometer von Siegburg entfernt direkt an der Sieg in unmittelbarer Nähe des Wahnbachtales. Dort, wo die Sieg eine Schleife beschreibt und sich die Straße etwa 30 m über den Fluß erhebt, hat die Natur ein idyllisches Fleckchen Wiese geschaffen, das durch hohe Bäume von der Straße abgeschirmt wird und in der Ferne den Blick auf die stolze Siegburg freigibt. Zu ihm führt versteckt ein schmaler Feldweg. Neugierige werden ihn nicht finden. Außerdem wird er durch mehrere wilde Kühe bewacht, die ihn bis zum letzten Milchtropfen gegen allzu Zudringliche verteidigen werden. Man hört hier keinen Laut außer dem Krach, den man selber macht, und dem Plätschern des munter fließenden Flusses, auf dem ab und zu kleine Boote vorbeipaddeln. Der Platz ist nicht groß, sondern rein auf die Bedürfnisse des Clubs zugeschnitten, der hier eine einzige große Familie bildet. Jedes Mitglied wird hier jederzeit Platz für sein Zelt und Muße finden zum Baden, Federballen, Wandern oder auch nur zum süßen Nichtstun.

Aber bevor es soweit war, mußte das Paradies erst campreif gemacht werden. Drei Quellen wurden gefaßt und spenden jetzt ›Original Seligenthaler Brunnen‹, ein Herzhäuschen wurde gemeinsam gezimmert und stimmungsvoll im Wald eingerichtet, Tonnen wurden aufgestellt und Maßnahmen getroffen, um unerwünschte Gäste abzuschrecken. Hand- und Spanndienste wurden angesetzt. Jeder brachte etwas mit: einen Spaten, eine Säge oder wenigstens seine Frau. Keiner schloß sich aus, sondern alle beteiligten sich: der eine mit hacken, der andere mit graben, mancher mit meckern und die meisten damit, daß sie den Platz mit Wohlbehagen in Benutzung nahmen. So haben wir uns mit ganz wenig Geld einen Herzenswunsch erfüllen und eine Stätte der Erholung schaffen können.

Am Wochenende nach Pfingsten war Anzelten. Dabei stellte sich heraus, daß wir mit drei Quellen noch nicht alles Wasser gefaßt hatten, denn es tröpelte von oben in die Maibowle. Doch ein echter Camper nimmt es mit Humor: Unser Platz ist jetzt getauft. Nun kann nichts mehr schiefgehen.«

Dieser Platz existiert so nicht mehr, aber in unmittelbarer Nähe, neben dem Parkplatz einer Gaststätte, haben die Nachfolger der Pioniere einen Dauerstellplatz mit asphaltierten Wegen und modernsten sanitären Anlagen errichtet.

Moral – Freikörperkultur, Kirche und Aufseher

Moral und Camping waren immer ein großes Thema. Mancher vermutet hinter dem Treiben der modernen Nomaden den Verfall aller sittlichen Werte. Das ist barer Unsinn, denn Camping und Caravaning sind nichts weiter, als auf eigene und ungezwungene Art Urlaub zu machen. Gerade Familien mit Sinn für die Gemeinschaft entscheiden sich fürs Camping. Die Kinder der Camper sehen und erfahren auch nicht mehr als jedes Kind, das in den Urlaubsmetropolen als Anhängsel eines Pauschalangebotes die verabscheuungswürdigen Verhaltensweisen derjenigen erlebt, die sich als Vandalen des 20. Jahrhunderts im Urlaub besonders viele Flegeleien leisten.

Ob Freikörperkultur die aufregende und unmoralische Angelegenheit ist, für die sie viele Verächter lange gehalten haben, ist mehr als fraglich. Doch die Naturisten erregten mit ihrer Vorliebe, sich nackt in der freien Natur zu bewegen, immer schon die Gemüter. In einem Brief an die Berliner Morgenpost vom 31. August 1924 äußerte sich eine besorgte Leserin, die ihren Namen natürlich nicht genannt haben wollte, beispielsweise folgendermaßen:

»Wir sind große Naturfreunde und machen gern Ausflüge nach nicht allzusehr belebten Gegenden. Gewöhnlich liegt unser Reiseziel an den Seen Wünsdorf; doch mußten wir neulich erleben, daß am Zeschsee junge Mädchen und Männer gemeinschaftlich vollkommen nackt badeten. Dasselbe Schauspiel zeigte sich unseren Blicken am Möggelinsee. An dieser Stelle besaß eine dieser ›Jungfrauen‹ die Frechheit, sich in ihrer vollkommenen Schönheit den Blicken meines Mannes auszusetzen. Damit sie man ja gesehen werde! Das einzige Bekleidungsstück war eine Badekappe. Dieses schamlose Treiben müßte doch irgendwie zu unterbinden sein; denn wir sind nicht unter Wilden. Und dann muß ich fragen, was das eigentlich für Mütter sind, die dieses Treiben ihren Kindern gestatten? Und wo bleiben denn die Hüter der Ordnung, die sonst immer vorhanden sind, wenn es gilt, etwas Anstößiges zu entdecken? Meine Nachbarin, welche sich am Rangsdorfer See in der schönen Sommerluft erholen wollte, wurde von Seiten der Schutzpolizei aufgefordert, sich etwas mehr anzuziehen, da das Sitzen ohne Kleid, also in Untertaille und -rock nicht statthaft sei. Wie reimt sich denn nun das alles zusammen, besonders die Freizügigkeit gegen das gemeinschaftliche Nacktbaden? Vielleicht ist ein Leser der ›Morgenpost‹ so freundlich, mir darüber Aufklärung zu geben.«

Dieser Brief wird von Freunden der Freikörperkultur-Bewegung bis heute ins Internet eingespeist, um mit einem Negativbeispiel für ihre Sache zu werben. Wir wissen nicht, welche Antworten die Dame auf ihre Fragen erhalten hat, aber auch ihr hätte schon bekannt sein können, daß zu ihrer Zeit die Lebensreform-Bewegung in vollem Gange war. Männer und Frauen hatten sich aus unterschiedlichen ideologischen Ansätzen zusammengefunden, um auf radikale Art das Menschliche mit der Natur in Einklang zu bringen. Dazu gehörte vor allen Dingen, der Natur ohne Textilien am Leib zu begegnen. Das Buch von Heinrich Pudor *Nackende Menschen jauchzen in die Zukunft* aus dem Jahre 1893 wäre für die Dame auch keinen Hinweis schuldig geblieben, was sich da nicht nur an den Seen des Berliner Umlandes so ungezwungen abspielte.

Die Nationalsozialisten verboten schließlich das Treiben der Nudisten, die sich in der Weimarer Republik zu verschiedenen Gruppen und Zirkeln zusammengeschlossen hatten, um ihre Lebensart im Kreise Gleichgesinnter praktizieren zu können.

Campingfreunde und Nudisten haben naturgemäß seit jeher eine enge Verbindung. Im Campingführer des Deutschen Camping Clubs gibt es besondere Hinweise für FKK-Camper. In Westdeutschland wurde 1949 der Deutsche Verband für Freikörperkultur (DFK) gegründet. Der Verband ist dem Deutschen Sportbund angeschlossen. In Deutschland sind rund 60 000 Menschen in FKK-Vereinen organisiert. Den überzeugten und organisierten Nackten ist FKK mehr als Nacktbaden. Freikörperkultur in ihrem Sinne ist eine Lebensform zur Pflege von Körper, Seele und Geist in der Gemeinschaft. In ihrer Informationsbroschüre heißt es noch heute:

»In der Freikörperkultur sehen wir also den ganzen Menschen, achten nicht auf Äußerlichkeiten, auch nicht auf Titel, Orden oder Ehrenzeichen. Unser Ziel ist es, durch individuelle Nacktheit den Gemeinschaftssinn gegenüber den Mitmenschen zu stärken und die Beziehung zur Natur zu festigen. Bezeichnend für unseren Umgang untereinander ist der Titel des Buches von Michael Andritzky: *Wir sind nackt und nennen uns Du.*«

Michael M. (39) ist ein begeisterter FKK-Camper, er kennt fast alle Campingplätze in Europa, die ausschließlich FKK-Ferien anbieten. Und wenn er nicht gerade unterwegs ist, läßt er seinen Caravan auf dem seinem Wohnort im Ruhrgebiet nahe gelegenen vereinseigenen Campinggelände stehen. Michael meint: »Mit den Kleidern streife ich den Alltagsstreß ab.« Besonders begeistert ist er, wenn er vom gemeinsamen Urlaub mit der Familie erzählt. In der Regel fuhr man in den letzten Jahren nach Frankreich, aber seitdem das ehemalige Jugoslawien wieder befriedet ist, will die Familie auch mal wieder an der jugoslawischen Adriaküste Urlaub machen. Hier sind einige der größten FKK-Campingplätze in Europa wieder eröffnet worden. Michael erzählt, daß er FKK durch die Familie seiner Frau kennengelernt hat. Anfangs fühlte er sich nicht wohl nur in seiner Haut. »Heute ist die Haut mein Urlaubskleid.«

Sein Engagement im Verein hält sich in Grenzen, er zahlt seinen Beitrag und leistet freiwilligen Arbeitseinsatz auf dem Gelände. Die Ziele aber sind ihm wichtig: »Es ist schon herrlich, Sport in natürlicher Nacktheit zu betreiben und natur- und umweltbewußt zu leben. Durch das intensive Körperbewußtsein stärkt man auch seine körperliche und seelische Gesundheit.«

Elke K. (35) hat das FKK-Leben selbst entdeckt. Vor Jahren machte sie mit Freunden Urlaub in Kroatien. Durch den FKK-Bereich am Strand animiert, wechselten die jungen Leute damals die Seite des trennenden Zaunes. »Es war wunderbar. Man mußte sich nicht mehr um die nassen Badesachen kümmern, und ganz nackt ist doch weniger aufreizend als die knappen Bikinis oder die Tangahöschen der Männer. Wir fahren jetzt schon seit Jahren nur auf FKK-Campingplätze, in einen Verein sind wir noch nicht eingetreten.« Nur eines stört die begeisterte FKKlerin: nämlich, daß »die penetranten FKKler auch nackt ins Restaurant zum Essen gehen. Das ist doch irgendwie unappetitlich und auch unpraktisch. Ich zieh mir lieber schnell was an, bevor ich ein Handtuch für den Stuhl mitnehmen muß.«

Na denn: Hosen runter und los!

Hygiene ist den FKKlern sehr wichtig, und die Regel, immer etwas unterzulegen, wenn man beispielsweise in ein Café geht, findet auch im FKK-Weltführer *Naturisme* Erwähnung, der von der Internationalen Naturisten-Föderation jährlich herausgegeben wird. Welche Zukunft der Naturismus in einer zusehends nackteren Welt hat, ist schwer zu sagen, jedenfalls sind die Naturisten mittlerweile keine Personengruppe mehr, an der man moralisch Anstoß nimmt. Sie können sich nun ganz in Ruhe ihren Zielen widmen, die sie international propagieren: »Naturismus ist eine Lebensart in Harmonie mit der Natur. Sie kommt zum Ausdruck in der gemeinschaftlichen Nacktheit, verbunden mit Selbstachtung, sowie Respektierung der Andersdenkenden und der Umwelt.«

In der ehemaligen DDR erfreute sich FKK-Camping großer Beliebtheit. Die Nachfrage nach Zeltplätzen mit FKK-Möglichkeiten war dementsprechend groß. Die meisten Plätze hierfür fand man an der Ostsee, doch es gab auch sonst in der Republik eine Menge »Geheimtips«. Viele dieser lauschigen Plätze sind nach der Wiedervereinigung verschwunden, sehr zum Leidwesen der FKK-Fangemeinde.

In den fünfziger Jahren formierten sich in der DDR erstmals Gruppen, die sich an der Ostsee zum Nacktbaden trafen. Höhepunkt jeder Campingsaison war das jährliche, sagenumwobene »Kamerunfest« in Prerow. Angemalt wie die »Wilden«, mit Schilfröcken und Muschelketten, tanzten Hunderte von FKKlern um einen Marterpfahl und huldigten dem gewählten Häuptling. Warum diese wilden Feste als »Kamerunfest« Furore machten, kann heute keiner der ehemaligen Teilnehmer mehr eindeutig erklären. Einige meinen, daß der Name aus der Erinnerung an die ehemaligen deutschen Kolonien in Südost-Afrika geboren sei, andere sind der Auffassung, daß Kamerun als Symbol für die vermutete Freiheit in Afrika gewählt wurde.

Für den Staat war das Treiben Ausdruck der imperialistischen Dekadenz. Innenminister Stoph forderte 1952 ein generelles Verbot des Nacktbadens. Der ehemalige Chef der Volkspolizei, Karl Maron, sah in den Kamerunfesten »eine Schmähung der Sitten und Gebräuche der Negervölker«. 1954 wurde ein generelles Verbot erlassen, das aber praktisch keine Wirkung zeigte. Schon zwei Jahre später sah man sich genötigt, eine »Anordnung zur Regelung des Freibadewesens« zu erlassen. Nun war es zwar erlaubt, an gekennzeichneten Orten nackt zu baden, aber Vereine für FKK blieben verboten.

In der amtlichen Verlautbarung hieß es: »Das Baden ohne Badebekleidung (Wasser-, Luft- und Sonnenbaden) an Orten, zu denen jedermann Zutritt hat, ist nur gestattet, wenn diese Orte ausdrücklich von den zuständigen örtlichen Behörden freigegeben und entsprechend gekennzeichnet sind oder das Baden ohne Badebekleidung von unbeteiligten Personen unter den gegebenen Umständen nicht gesehen werden kann.«

Aber auch dieser Regelungsversuch scheiterte. Anfang der siebziger Jahre breitete sich das Nacktbaden immer mehr aus. Nicht nur an der Ostsee, sondern auch an den Binnenseen frönten immer mehr DDR-Familien dieser Urlaubsform. Die Kleiderordnung an den Stränden war im sprichwörtlichen Sinne versandet. Als alte Arbeitertradition wurde die FKK-Bewegung im prüden sozialistischen Alltag schließlich nun mehr als nur geduldet. 1982 erschien der erste FKK-Führer, eine schmale Broschüre, die erstmals offiziell Auskunft über FKK-Campingplätze gab. Kurz nach seinem Erscheinen war er schon vergriffen.

Mit Unverständnis reagierten die ehemaligen sozialistischen Nudisten deshalb auf die Reglementierung, die 1989 die Wiedervereinigung brachte, wonach man sich nur auf ausgewiesenem FKK-Gelände erholen darf, wie Gott einen geschaffen hat. Warum diese Regelungen in einer demokratischen Gesellschaft aufrechterhalten werden, bleibt nicht nur den neuen Bundesbürgern schleierhaft. Sittliche Gefahren für die Jugend gehen wohl kaum von Menschen aus, die ohne Badehose am Strand Volleyball spielen.

Kirche unterwegs

Seit den Anfängen der Campingbewegung in Deutschland haben sich die Kirchen beider Konfessionen Gedanken zu diesem Freizeitverhalten ihrer Gläubigen gemacht. Während die einen Verwerfliches und Unsitte ausmachten, schlugen die anderen ihr Lager zwischen den Campern auf und bildeten sich eine Meinung vor Ort. Die folgenden zitierten Ansichten, die versuchen, die Kirche auf dem Campingplatz zu lassen, sind ein eindringliches Beispiel dafür, daß in klerikalen Kreisen die Meinung über Camping weit auseinanderging. Im evangelischen Mitteilungsblatt *Fundgrube* aus dem Jahr 1960 wurden zwei Standpunkte gegenübergestellt, um die Gläubigen mit dem »Problem« des Campingurlaubs aus kirchlicher Sicht zu konfrontieren.

Die eine Meinung:

Fünfzig junge Diakone, die nach ihrer mehrjährigen theoretischen und praktischen Ausbildung am Einweihungstage der in Selbeck neu errichteten Kirche für ihr Amt eingesegnet wurden, haben sich tags zuvor mit dieser Entschließung an ihre Kirche gewandt:

»Wir sind aufs tiefste bewegt durch unsere Beobachtungen auf sexualethischem Gebiet. Das Camping ist weithin ein Tummelplatz der freien Liebe. Der voreheliche und außereheliche Verkehr der Geschlechter hat in einem erschreckenden Maße zugenommen und findet in solchem Maße seine Billigung im öffentlichen Urteil, daß die Grundlagen einer aus christlichem Denken erwachsenen gesellschaftlichen Ordnung in ernstester Gefahr stehen.

Wir sind nicht gewillt, unsere ethischen Maßstäbe den gegebenen Tatsächlichkeiten anzupassen und damit auf die Anerkennung einer verpflichtenden Norm auf sexualethischem Gebiet zu verzichten. Eingedenk des Lutherwortes ›Treibe das Gebot und das Stück am meisten, das bei deinem Volke am meisten Not leidet‹, glauben wir vielmehr verpflichtet zu sein, an unserem Teil dahin mitzuwirken, daß im Denken unseres Volkes die Grenze zwischen Verheiratetsein und Nichtverheiratetsein wieder klar bewußt und anerkannt sowie im praktischen Verhalten respektiert werde.«

Die andere Meinung:

Nachdem die Pfarrer Zeiss und Warmes aus Frankfurt am Main (mit einem einfachen Hauszelt) bereits zweimal für den kirchlichen Dienst auf Campingplätzen an der Adria ausgesandt worden waren, beteiligten sich im Jahr 1959 die Pfarrer Albig und Dr. Ehrbeck (Wiebaden-Biebrich) an dieser Arbeit. Sie waren in der Zeit vom 24. August bis 17. September tätig. Und zwar sechs Tage auf dem Campingplatz Fontanelle bei Riccione und vierzehn Tage auf dem großen Campingplatz NSU-Cavallino bei Jesolo. Von beiden Plätzen aus besuchten sie auch zahlreiche benachbarte Zeltplätze. Hier aus ihrem Erfahrungsbericht:

»Wir hatten einen Campingwohnanhänger mit entsprechender Ausrüstung, der unserem Dienst außergewöhnlich zugute kam. Auf diese Weise hatten wir ein in die Augen fallendes Zentrum für unsere Arbeit, das darüber hinaus durch Transparente ›Evangelische Campingmission‹ weithin sichtbar gekennzeichnet war. Dabei stellten wir fest, daß dadurch ganz besonders Kirchenfremde interessiert wurden. Bei den kirchlichen Campern wurde durch diese eindeutige Firmierung in kürzester Zeit ein Gemeinschaftsgefühl erzeugt (›Jetzt ist sogar die Kirche bei uns‹). Unser Anliegen war es, nicht eine öffentliche Platzdiskussion mit den Pfarrern, sondern eine gottesdienstliche Stunde mit Lied, Gebet, Losung und Predigt zu bieten. Durch unsere Erfahrung und durch das Echo der Camper bestärkt, haben wir es für richtig empfunden, einen Altartisch mit Kreuz aufzubauen und auch selber durch unsere Kleidung (schwarze Hose und weißes Hemd) dem Charakter der gottesdienstlichen Feier Rechnung zu tragen. Bezeichnend war für die Besucher, daß sie ihre gute Kleidung anlegten, obwohl wir durch Lautsprecher und Zettel ausdrücklich bekanntgegeben hatten, daß man getrost in Campingkleidung kommen könne.

Und außerhalb der Gottesdienste war es mit den meisten, selbst bei aus der Kirche ausgetretenen Campern, sehr viel leichter ins Gespräch zu kommen, als wir dachten. Wir haben uns jedoch nicht lange krampfhaft bei Anknüpfungsfragen aufgehalten, sondern konnten dadurch, daß wir uns sogleich als Pfarrer vorstellten, das Gespräch auf das Wesentliche lenken. Dabei gab es neben vielen wohlwollenden Äußerungen der Gesprächspartner mancherlei Kritik an der Heimatkirche, die hier vertrauensvoll und freimütig geäußert wurde. Selbst in Gesprächen mit Gegnern der Kirche konnten positive Anstöße erteilt werden. Nach unseren Gesprächen zu urteilen, beschäftigen unsere Zeitgenossen im Campingurlaub immer wieder folgende Fragen: Sinn des Lebens und des Leidens, Fragen der Ehe und der Mischehe, Absolutheit des Christentums, die Schuld und ihre Bereinigung, Verständigung der Völker und Bedrohung des Friedens usw.

Die Camper untereinander

Unsere kirchliche Arbeit konnte so viele offene Türen finden, weil das Camperleben derer, die sich länger an einem Platz aufhalten, die Hilfsbereitschaft und den freundlichen Umgang miteinander fördert. Durch die Leitung wird nach unserer Beobachtung auf den großen Campingplätzen für Ordnung und Sauberkeit gesorgt. Viele Familien verbringen in Zelt und Bungalow ihren Campingurlaub und pflegen bewußt den im heimatlichen Betrieb oft zu kurz kommenden Familiensinn. Uns erschien dieses Element so stark, daß es die auch vorhandenen moralischen Zwielichtigkeiten an den Rand der Lager verdrängt. Es wäre unseres Erachtens ein völlig falsches Bild, wenn man die Gefährdung der Jugend als für das Camperleben bezeichnend ansehen würde. Eine positive Wirkung geht von dem Campingleben aus, wenn man an die Überwindung der Unterschiede von reich und arm denkt. Nebeneinander zelten Besitzer von Chevrolets und Wohnwagen und jugendliche Radfahrer mit ihrem armen Zelt.

Das Echo unserer Campingarbeit

Die Anwesenheit von Pfarrern und die Durchführung von Gottesdiensten wurde immer wieder begrüßt. Einige Äußerungen konnten dies verdeutlichen. ›Jetzt haben wir überhaupt erst gemerkt, daß Sonntag ist.‹ – ›Wie schön, daß die Kirche uns hier nicht vergessen hat.‹ – ›Ihre Anwesenheit hat dem Platz einen anderen Geist gegeben.‹ – ›Wie bedauerlich, daß Sie wieder weggehen. Es müßte jemand ständig hier sein.‹ – ›Wir Evangelischen haben endlich an der Adria auch etwas. Die Katholiken können ja die Messen der umliegenden Kirchen besuchen.‹

Ein katholischer Zeltplatzwart in Deutschland bot auf der Hinfahrt seinen Platz für Gottesdienste an; ein italienischer Campbesitzer lud uns ein, auch in der Woche Gottesdienste zu halten. Der italienische Besitzer des großen NSU-Platzes Cavallino überraschte uns mit dem Plan, auf seinem Campingplatz eine Art Waldkirche mit Kreuz und Bänken zu errichten, damit jeden Sonntag für beide Konfessionen Gottesdienste gehalten werden können.«

Der Deutsche Camping Club, der jahrzehntelang in der Abwehrschlacht gegen Moralapostel aller Couleur stand, unterstützte die Initiative der evangelischen Kirche, indem er ein Zelt für einen Campingpfarrer stiftete. Die Kirchenarbeit auf Campingplätzen hat sich fortgesetzt, auch wenn heutzutage der Schwerpunkt der Betreuung eher auf Spiel und Spaß für die Kinder setzt, um die Camper im Urlaub auf sich aufmerksam zu machen. Kirche unterwegs ist beispielsweise eine Unterabteilung des Arbeitskreises »Freizeit, Erholung und Tourismus« der evangelischen Kirche. Die zwei hauptamtlichen Mitarbeiter, die von vielen Ehrenamtlichen der Landeskirchen unterstützt werden, besuchen in erster Linie Urlaubsplätze in ganz Europa. Für Dauercamper gibt es ein extra Programm. Eigens angefertigte Fahrzeuge dienen als Raum für Andachten, Gottesdienste, Meditationen und Kinderstunden. Kreativprogramme, Diavorträge, Diskussionen und Filmvorführungen werden auch in der mobilen Kirche veranstaltet. Meistens sind es junge Familien, die die angebotenen Programme in Anspruch nehmen, nicht zuletzt wegen der Kinderbetreuung. Aber auch zu Diskussionen über aktuelle Probleme findet man sich ein. Die Gemeinde auf Zeit ist eine Antwort der Kirche auf die gestiegene Mobilität des Menschen, denn viele sind sonntags nicht mehr dort, wo sie ihren Alltag leben. Auf Campingplätzen nutzen die Kirchen die ungezwungene Atmosphäre, um in ihrem Sinne Diskussionen über Gegenwartsfragen zu führen. Die Katholische Kirche Deutschlands hat keine mobile Organisation geschaffen, die den Campern ihre Botschaft auf den Campingplatz bringt. Bei den Katholiken ist es die Aufgabe der jeweiligen Gemeindepfarrer, den Campern das Wort Gottes an ihren Urlaubsort zu bringen.

Aufseher

Für viele Camper ist der Leiter eines Campingplatzes eine moralische Instanz, die für Ordnung auf dem Platz zu sorgen hat. Einen Campingplatz zu leiten, setzt viel Feingefühl voraus. Der Campingplatzhalter ist derjenige, der mit seinem Team für einen reibungslosen Ablauf auf dem Platz zu sorgen hat. Die Gilde selbst sieht sich, wie jeder Gastwirt oder Hotelier, als Dienstleister. Dabei müssen sie aber weitaus mehr leisten. Ihre Hotelzimmer haben Böden aus Rasen oder Kies, die man nicht einfach mit dem Staubsauger für den nächsten Gast richten kann. Die Wände sind Hecken, die einerseits für Privatsphäre sorgen sollen, andererseits einen freien Blick gewähren müssen. Besonders abhängig sind die Campingplatzbetreiber zudem vom Wetter, für das sie der Gast bei schlechter Laune auch schon mal verantwortlich macht.

Der Campingplatzhalter muß präsent sein und gleichzeitig unsichtbar. Er muß für die Sicherheit der Gäste sorgen und gleichzeitig auch in brenzligen Situationen Witze machen können. Morgens der sorgende Handwerker, der alle technischen Probleme im Handumdrehen lösen kann. Mittags der Aufseher, der die Mittagsruhe kontrolliert und das Radio des unverschämten Ruhestörers endlich leiser stellt. Nachmittags der Gärtner, der gerne einen Plausch hält. Am frühen Abend derjenige, der die Speisekarte vorm Restaurant aufhängt. Und dann schließlich der Wirt, der ein gutes Essen bereithält und auch Bier zapfen kann. Wenn er es dann noch schafft, ein Unterhaltungsprogramm auf die Beine zu stellen, in dessen Rahmen das Lagerfeuer brennt, das Fußballspiel in gemütlicher Atmosphäre übertragen wird und die Jugendlichen Discofeeling erleben können, ist er der Held des Campingplatzes. Und zwischendurch kommen immer neue Gäste, die, bevor sie buchen, erst einmal eine persönliche Führung haben wollen, um die Gegebenheiten des ganzen Platzes in Augenschein zu nehmen. Auch wenn der Campingplatzhalter sein Team hat, das ihn unterstützt, er ist für alles verantwortlich, und die Campingfreunde halten sich gerne an den Chef.

Daß bei solcher Verantwortung und Herausforderung einer mal nicht die richtigen Worte im richtigen Augenblick findet, ist nicht verwunderlich, denn alle haben Zeit, nur er muß weiter, darf es aber nicht zeigen.

Der Campinplatzhalter Kurt Kyriß verschafft sich Luft in einem Artikel, der 1960 in der Zeitschrift *Camping* erschien.

»Ja – mögen Sie es glauben oder nicht – beim Platzhalter beginnt die Güte des Platzes. Wenn der Platzhalter in Ordnung ist, wird auch der von ihm geführte Platz die Anerkennung seiner Gäste finden. Durch eine gute und immer zuvorkommende Betreuung (es ist manchmal schon schwer!) wird der Platzhalter in der Lage sein, bestehende technische und naturbedingte Mängel zu überbrücken. Bitte, denken Sie aber daran, daß es nicht allzu viele wirkliche Idealcampingplätze (günstige Lage, guter Boden und beste Einrichtungen) gibt! Im übrigen ersehen Sie ja im Campingführer bei den internationalen Abkürzungszeichen, über welche Einrichtung ein Platz verfügt. Aber begehen Sie auch nicht den Fehler, daß Sie einen Platz total verwerfen, weil es am Tage Ihres Eintreffens dort gerade regnet. Ich habe mir sagen lassen, daß es in Deutschland auch im Hochsommer ›manchmal‹ regnet und daß es tatsächlich Campinggäste geben soll, die dann nicht nur den sonst sehr schönen Campingplatz restlos ›am Boden‹ zerstören (mit Autoreifen natürlich!) und den neben einem ›Kartoffelacker‹ stehenden Platzbesitzer mit dem Wettergott verwechseln und beschimpfen! Manchmal steigt auch noch die zugehörige Campingdame aus dem Wagen und spricht naserümpfend also: ›Fahren wir doch 20 km weiter, dort regnet es bestimmt nicht!‹ Solchen und ähnlichen, ungeduldigen und unzufriedenen Gästen rate ich, sich doch zur Winterlektüre einen meteorologischen allgemein verfaßten Leitfaden zu kaufen, worin zu lesen ist, daß es im allgemeinen in kürzerer Entfernung auch regnen dürfte, wenn unglücklicherweise mal ein ausgedehntes Tiefdruckgebiet über Deutschland oder dem Mittelmeer (ach, was sage ich da?) liegt. Ja, in Italien regnet es im Sommer manchmal auch, besonders im Gebiet der oberitalienischen Seen, wo es ganz passabel schütten kann. Also mehr Geduld. Man muß halt als echter Camper auch mal einige Tage im Regen aushalten können, vorausgesetzt allerdings, daß man ein richtig gutes Zelt hat. Also sparen Sie beim Kauf Ihrer Zeltausrüstung nicht am verkehrten Platze. Für die mangelhafte Zeltausrüstung kann der Platzhalter auch nichts.«

Daß Platzhalter auch nur Menschen sind, meint der Camper Heinz Lamsfuß, der im gleichen Jahr an gleicher Stelle seine Ansichten zum besten gibt.

»Ich kann mir nicht helfen: Auf den Campingplätzen sind mir immer jene Platzhalter die liebsten gewesen, die ich nie gesehen habe, wie jenen in Stockholm, der erst nach zehn Tagen feststellte, daß unser Zelt noch nicht registriert und mit einer Nummer ausgestattet ist. Er kam immer zu den Stunden, in denen sein Völkchen ausgeflogen war. An einem der stillen österreichischen Seen (es gibt ihrer noch einige abseits der Attraktionswasserflächen) wurden wir mit einem anderen Platzbetreuer nur zufällig bekannt. Er kam nur sonntags und rechnete die Gebühren immer nur von

Nackt auf dem Stein

dem Tage an, an dem er vorbeikam. Die meisten seiner Gäste erfaßte er nie. Offenbar war das auch nicht sein Hauptanliegen. Er bekam deshalb in unserem Geheimbuch ein Kreuzchen, natürlich ein wohlwollendes.

Ein treffender Erfahrungssatz der kölnischen Philosophie ›Jeder Jeck es anders‹ fiel uns auf, als wir an einem oberrheinischen Zeltplatz ankamen. Da saß hinter einem geschlossenen Schlagbaum vor einem Tisch und einem riesigen Registrierbuch ein unzugänglich anmutender riesiger Mann mit beamtenhafter Würde und schier unhöflich. Zwei ältliche Engländerinnen hielten ihren vorsintflutlichen Zweisitzer, den sie wohl auf irgendeinem Autofriedhof für ihren Germany-trip ausgegraben hatten, und hofften, der Mann würde den Schlagbaum öffnen. Der tat das keineswegs. Er saß an seinem Tisch und spielte mit einem riesigen Bleistift. Erst als die Engländerinnen sahen, wie man es machen mußte: mit allen Papieren bewaffnet, in strammer Haltung an seinen Tisch herantreten und die Eintragungen erledigen lassen, begriffen sie das Reglement dieses Platzes, und der Schlagbaum hob sich zögernd, so als ob auch er unfreundlich sei.

Die Vorschriften, die dort walten, waren keineswegs so militärisch wie die auf einem Zeltplatz an der schönen blauen Donau, wo der Zeltwart, nachdem wir uns einigermaßen in die Reihe der vorhandenen Zelte eingefügt hatten, mit der nachdrücklichen Forderung kam: ›Setzen Sie Ihr Zelt doch zwanzig Zentimeter zurück. Es paßt nicht in die Richtung!‹ Diese militärische Haltung bewirkte allerdings nicht, am Verhalten des Angestellten eines benachbarten Platzes irgend etwas Unordentliches zu finden. Dieser Jüngling stand stundenlang drei oder vier Meter vor jedem neu aufzubauenden Zelt, verfolgte das Spannen jeder Leine mit kritischen Augen und das Aufblasen jeder Luftmatratze mit wahrem Genuß, so als ob mit diesen Vorrichtungen ein Atem der Welt zu ihm ins Herz flösse. Immerhin bewies er seine Existenzberechtigung damit, daß er mitsamt seinem kleinen Köfferchen ins Platzbüro rannte, sobald ein neues Gefährt am Schlagbaum auftauchte: ›A Neier is kumma!‹

An einem anderen Platz war der Wart geschmückt mit einer ›Zeltwart‹-Mütze, der es mit der Verwaltung seines großen Platzes nicht lax, sondern ›gemütlich‹ nahm. ›Ach, ich sehe, Sie wollen gerade essen; da will ich mit meinen lästigen Gebühren nicht stören!‹ Sprachs und kam erst drei Tage später wieder.«

Die Geschichten ließen sich beliebig erweitern, denn die Probleme sind die gleichen geblieben, nur die Rezeptionshäuschen sind mancherorts gewachsen, um den Gast gleich zu Beginn seines Aufenthalts gebührend zu empfangen.

Gemeinsame Interessen beleben

Nicht nur die Deutschen brauchen für jedes Hobby einen Verein, aber sie haben es besonders gern, wenn ein Hobby oder ein Vorhaben auch Anlaß für gemütliches Beisammensein bietet. Das ist auch in den Kreisen der Reisemobilisten, Caravaner und Camper so. Egal welches Vorhaben man gemeinsam angeht, Tüfteln, Planung der nächsten Ausfahrt oder Gründung einer Fan-Gemeinde, die zu jedem Rennen ihres bevorzugten Formel-1-Rennfahrers aufbricht: wer einen Club gründet, will seine Vorlieben mit anderen teilen und genießen. Man sieht sich regelmäßig und besucht auch gemeinsam die Rallyes anderer Camping- und Caravaning-Clubs. Die Clubzeitschriften informieren, wo und wann das nächste Treffen stattfindet.

Fast kein Wochenende in Europa vergeht ohne ein solches Treffen, und für eingefleischte Camper, Caravaner und Reisemobilenthusiasten gehört es einfach dazu, mindestens einmal im Jahr daran teilzunehmen. Ob in Taiwan, Bulgarien, Finnland oder bei den Treffen der deutschen Orts- und Landesverbände oder der jährlichen Rallye des Deutschen Camping Clubs, Geselligkeit wird bei den Campern großgeschrieben, und Rallyes haben Tradition.

Um eine Vorstellung davon zu bekommen, welche Ausmaße ein solches Treffen annehmen kann, im folgenden ein Stimmungsbericht aus dem Jahre 1957 von Hubert Schmidt. Damals fand die große FICC-Rallye in Stuttgart statt. Veranstalter war die Fédération Internationale de Camping et de Caravaning (FICC).

Camper unter sich

»Am Freitag stauten sich die Kolonnen anrückender Autos und Wohnwagen zu langen Reihen, dazwischen flitzten die Motorrad-, die Moped- und die Fahrradcamper, wanderten ganze Gruppen mit dem Campinggepäck auf dem Rücken heran und fuhren Omnibusse aus allen Ländern vor. [...] Die vorgesehenen 120 000 m² reichten nicht aus, an die 80 000 m² mußten dazugenommen werden.

Im Mittelpunkt des Geländes stand das große Festzelt, daneben begann die lange Ladenstraße mit schmucken Einheitsbauten auf der einen Seite, in der die Geschäfte für Lebensmittel und Getränke, eine Fotohandlung, eine Drogerie, ein Sportartikelgeschäft, ein Souvenirladen und die Kundendienststelle des Hauses Enders – für kranke Kocher vor allem, eine ausgezeichnete Idee des campingfreundlichen Hauses – untergebracht waren und gern in Anspruch genommen wurden; auf der anderen Seite einzelne Verkaufswagen oder Zelte: für Milchgetränke, für die heiß begehrten Maggi-Erzeugnisse (man hätte sich allein mit Maggi-Kostproben aller Art durch alle Rallyetage durchfuttern können und nicht einmal schlecht), mit einem Dampfkocher-Vorführungszelt und je einem Butan-Propangaskocher-Kundendienstzelt sowie der unvermeidlichen Coca-Cola-Bude, dem am meisten begehrten Getränk.«

Schon damals also wurde mit einem Aufwand gefeiert, der heutigen Bemühungen in nichts nachsteht. »Der 1. Präsident des Deutschen Camping Clubs Dr. Max Eckert begrüßte die 8000 Camper aus 25 Nationen, die mit 2000 Zelten und fast 1000 Wohnwagen sowie 39 Wohnautos angereist waren. Die Lagerstatistik verrät weiter, daß 700 Rassehunde, 11 Katzen, 2 Papageien und 1 Kanarienvogel ebenfalls begrüßt wurden. Neben allerlei ernsthaften Diskussionen wurde vor allen Dingen gefeiert, am großen Lagerfeuer der Zeltjugend oder im kleinen Kreis vor dem eigenen Wohnwagen oder Zelt. Die Miß-Camping-Wahl war im übrigen einer der Höhepunkte solcher Veranstaltungen. Doch neben allem Vergnügen ging es auch ernsthaft zur Sache. Der FICC-Kongreß wurde während dieser Tage abgehalten, unter anderem wurde der Belgier Roger van der Eecken zum neuen Präsidenten der FICC gewählt. Die weniger in den Clubgremien Engagierten vertieften sich in Fachsimpeleien, die vor allem dem Vergleich der neuesten Wohnwagen- und Zelttypen galten. An den Service-Stellen für Kocher wird es wohl einiges zu besprechen gegeben haben.«

Für den neuen Campingfreund erleichtern Clubs den Einstieg in das reisemobile Hobby, denn hier werden Erfahrungen und das Know-how

Die Schönsten vom Platz

ausgetauscht, die in keinem Ratgeber zu finden sind. Der zukünftige Camping-, Caravaning- oder Reisemobilfreund kann in Deutschland auf Traditionsclubs zurückgreifen. Gemeinsam ist ihnen, daß ihre Dachorganisationen zu florierenden Dienstleistungsunternehmen geworden sind. Ob Campingclub, Automobilclub oder Interessenverbände der Freizeitindustrie, sie alle wollen die Interessen der Freizeitmobilisten wahrnehmen.

Der Deutsche Camping Club e.V.

Fast möchte man sagen, wie kann es anders sein: der Deutsche Camping Club e.V. (DCC) wurde im Jahr 1948 in München in einem Biergarten gegründet. Ziel war es, im zukünftigen demokratischen Deutschland als Interessenvertretung der Camper von der ersten Stunde an dabeizusein. Nach dem Willen der Alliierten sollte es eine demokratische Zukunft in Europa geben, weshalb sich die westlichen Besatzungsmächte zu einem weitreichenden Hilfsprogramm entschlossen, um das zerstörte Europa wieder aufzubauen: der Marshallplan wurde zur Grundlage aller Hoffnung. Mit amerikanischer Unterstützung war zwar die Produktion wieder angelaufen, doch die Gelder des Marshallplans sollten letztlich die wirtschaftliche Konsolidierung herbeiführen. Der Alltag in den Trümmern war schwer, der Schwarzmarkt blühte, und die ersten Gewinnler fuhren stolz mit ihren Vorkriegsautos oder dem eingehandelten Neuwagen an den Trümmerfrauen vorbei zum See oder gar über die Alpen ins sonnige Italien. Mit der zunehmenden wirtschaftlichen Stabilisierung ging der Wunsch nach Freizeit und Mobilität einher.

Die organisierte Campingbewegung in den sogenannten Bizonen des Westens wuchs. Während in der Sowjetischen Besatzungszone der Staat zunehmend die Freizeitgestaltung als Aufgabe in die Hand nahm, begann im Westen eine Reisewelle, die die Strategen der sozialen Marktwirtschaft als Wirtschaftswunder für Jedermann priesen. Neben dem rasch wachsenden Markt der kommerziellen Reiseveranstalter – die Pauschalreise ist seit dieser Zeit untrennbar mit dem Namen Neckermann verbunden – wuchs die Bedeutung des Deutschen Camping Clubs, der als gewichtiger Vertreter in Sachen Camping gegenüber Behörden auftrat.

Dr. Max Eckert, der erste Präsident des Deutschen Camping Club e.V., war einer derjenigen, die früh erkannt hatten, daß die Campingbewegung in Deutschland zu einer Massenbewegung wachsen würde und eine unabhängige Interessenvertretung brauchte. Der Banker aus München, der zuvor langjähriger Präsident des Deutschen Kanuverbandes gewesen war, entwickelte aus seiner Erfahrung heraus die Idee, daß Camping nicht unbedingt nur mit Wassersport verbunden sein mußte. Das rapide Wachstum der Autoindustrie ließ ihn erkennen, daß dem Autowandern die Zukunft gehört. Aufgrund seiner Erfahrungen als Organisator auch schon vor dem Krieg wollte Dr. Eckert einen Campingverband ins Leben rufen, der denen anderer europäischer Länder nicht nachstehen sollte.

Bereits in den Zeiten der nationalsozialistischen Herrschaft hatte Max Eckert erreicht, daß die deutschen Zeltner durch den Kanu-Verband in der internationalen Campingorganisation Fédération Internationale de Camping et de Caravaning mit Sitz in Paris vertreten waren. 1937 wurde dem Deutschen Kanu-Verband sogar die Organisation der FICC-Welt-Rallye übertragen, die in Wiesbaden stattfand. Hintergrund dafür war, daß Max Eckert anläßlich der Olympischen Spiele 1936 in Berlin eines der größten Zeltlager der Geschichte auf die Beine gestellt hatte. In Wiesbaden konnten dann die zunehmend isolierten deutschen Camper erstmals Caravans aus dem Ausland direkt bestaunen. Die Willkürherrschaft der Nationalsozialisten und schließlich der Krieg unterbrachen jedoch jäh alle Bemühungen in diese Richtung.

Die elf Gründungsmitglieder, die 1948 bei einem guten Bier in der Pschorr-Brauerei in München zusammensaßen, hatten die amerikanischen Behörden überzeugen können, daß ein Deutscher Camping Club als Verein für eine friedliche Entwicklung der Freizeitbewegung in Deutschland sinnvoll und wünschenswert sei. Die wichtigste Aufgabe sah man nun darin, moderne Campingplätze zu bauen, damit die Camper feste Ziele anfahren konnten. Die Initiative setzte sich fort, neben den Plätzen in Süddeutschland entstanden Clubplätze in Norddeutschland unter der Federführung von Friedrich Albert Horn, in Nordrhein-Westfalen stellte sich Horst Rister der Aufgabe, und im Berliner Raum organisierte Egon Skorczewski Erholungsanlagen. Entstanden ist so ein Netz von DCC-betriebenen Campingplätzen, die von den 300 Ortsclubs, die in 22 Landesverbänden zusammengefaßt sind, genutzt werden können und natürlich auch Nichtmitgliedern offenstehen.

In der ersten Ausgabe der Zeitschrift *Camping* aus dem Jahre 1953, dem clubeigenen Organ des DCC, hebt Max Eckert besonders das völkerverbindende Element des Campings hervor und betont, wie wichtig es sei, eine Interessenvertretung zu haben, die zielgerichtet den Bedürfnissen der Reisenden mit Zelt und Caravan in allen wesentlichen Fragen Rechnung trägt.

»Die Einigung friedliebender Menschen war in der Camping-Bewegung bereits Tatsache geworden, als Staatsmänner noch nicht einmal den Gedanken an ein gemeinsames Planen wagten. [...] Wer einmal erleben durfte, wie bei einem internationalen Campingtreffen alte Freundschaften erneuert und neue begründet wurden, der ahnt vielleicht, wie sehr die Zeltler aller Länder einander gut gesinnt sind. Diese gute Gesinnung aber ist es, die das Zeltwandern zu einem der hervorragendsten Mittel der Besinnung macht. Weil es in der heutigen Zeit immer mehr Menschen werden, die einsehen, daß das Leben Wertvolleres zu bieten hat als die Dinge, denen wir nachzujagen gezwungen sind, wurde das Zelteln zu einer modernen Art des Reisens. [...]

Der Deutsche Camping Club – geplant in den schwersten Jahren eines Krieges und verwirklicht in den bittersten Monaten eines teuer erkauften Friedens – ist eine der ersten Organisationen, die internationale Anerkennung fanden. Sein einziges Kapital war das Vertrauen und die Hilfsbereitschaft seiner Mitglieder. Er hilft und berät seine Mitglieder, veranstaltet jährlich ein großes Camping-Treffen, fährt zusammen mit ihnen zu den erreichbaren internationalen Zeltlagern der großen ausländischen Campingverbände. Er beschafft für sie die Unterlagen zu ihren Reisen und Fahrten mit Zelt oder Wohnwagen im In- und Ausland, er gibt einen Zeltplatzführer heraus und erschließt neue Campingplätze, er versorgt seine Mitglieder mit Triptyks und Carnets de passage für Motorfahrzeuge (wie jeder Automobilclub) und für Faltboote, er vermittelt seinen Mitgliedern den Internationalen Campingausweis, den Schlüssel für Auslandsfahrten, er vertritt die Interessen der Campingfreunde gegenüber den Behörden.«

Dies war auch nötig, mußte man doch, um beispielsweise in die amerikanische Zone Österreichs einzureisen, ein Visum vorweisen. Nur bedingt war in dieser Zeit der Geldumtausch in fremde Währungen möglich. Die Prognose von Dr. Max Eckert, wonach das Campingwesen zu einer Massenbewegung werden würde, bestätigte sich. Mit der zunehmenden Zahl an neu zugelassenen Caravans wuchsen auch die Verkehrsprobleme während der Urlaubssaison auf den neuen Straßen und Autobahnen. Der DCC, als Interessengemeinschaft der Camper, war gefordert, an Lösungen mitzuarbeiten. Die alten Zeltner beschwerten sich, weil man ihrer Meinung nach nun nur noch auf festen Campingplätzen sein Zelt aufschlagen konnte. Hier mußte Einsicht geschaffen werden. Die Sorgen der Campingplatzhalter mußten angehört und Vorschläge für den Zeltplatz der Zukunft gemacht werden. Der DCC baute mit der Zeit einen funktionierenden Apparat auf.

Schon 1953 übernachteten zwei Millionen Camper auf deutschen Campingplätzen. Die Anlagen waren meist deckungsgleich mit den alten Lagerplätzen der Kanufahrer und lediglich mit den notwendigsten Sanitäranlagen ausgerüstet. Mit der wachsenden Kaufkraft der Camper wuchs auch der Komfortanspruch. Neue Plätze zu schaffen war ohnehin notwendig, da die Gemeinde der Campingfreunde rasant wuchs. Der Campingurlaub wurde für viele Familien attraktiv. Mit dem Auto waren nun auch Auslandsreisen möglich geworden, und der DCC stellte 1957 fest, daß fast 70 Prozent der Deutschen einen Urlaub im Ausland geplant hatten. Der Club unterstützte diese Reisen, indem er für seine Mitglieder Routenbeschreibungen, Schutzbrief und länderspezifische Informationen bereithielt. Die Forderung, ein Kursbuch für Camper herauszugeben, war seit der Gründung ein Thema gewesen. Der erste Campingführer des Deutschen Campingclubs aus dem Jahre 1948 war ein unscheinbares Heftchen, in dem die vorhandenen und weithin bekannten Campingplätze aufgeführt waren. Wenige Jahre später schon wurde nicht mehr einfach nur gelistet, was es gab.

»Es galt, die vorhandenen und bekannten Campingplätze gründlich zu überprüfen (zumal sich rasch herausstellte, daß nicht alles den Namen Campingplatz verdiente, was ihn zu führen sich anmaßte). Und es galt, die wie die Saat nach dem Regen aus dem Boden sprießenden neuen Plätze zu erfassen und dort vorstellig zu werden, wo ein Campingplatz dringend erforderlich war. Schließlich mußten alle Verbesserungen an den Einrichtungen aufgezeichnet und nachgetragen werden. [...] Wie schön, im voraus zu wissen, in welchem Milieu man abends sein ›Hotel im Freien‹ errichten wird, welche Bequemlichkeiten und Annehmlichkeiten uns erwarten«, berichtete der Schriftleiter der clubeigenen Zeitung *Camping*.

Heraus kam ein Campingführer, der bis heute ein wichtiger Wegweiser für Camping in Europa geblieben ist. Gut recherchiert und von Kontrolleuren vor Ort geprüft und bewertet, finden sich in ihm die Hinweise, die Campern die Suche wesentlich erleichtern.

Im Gespräch mit den Fremdenverkehrsämtern versuchte der DCC schon in seiner Anfangsphase die Probleme, die das Camping mit sich brachte, zu lösen. Gastronomie und Hotelbetriebe sahen sich durch die stürmische Entwicklung des Campingwesens bedroht. Auf einer gemeinsamen Tagung mit dem Bund der Deutschen Verkehrsverbände betonte der DCC ausdrücklich, daß die Campingbewegung in das örtliche Fremdenverkehrswesen eingebettet sein müßte. Städte, Kreise und Gemeinden sollten Träger von Campinganlagen werden, damit eine friedliche Koexistenz garantiert wäre. Die Probleme: Sachbeschädigung, Ruhestörung, grober Unfug, Gefährdung von Sicherheit und Ordnung, Verunreinigung von öffentlichen Straßen, Plätzen und Wasserstraßen und die Verletzungen der Naturschutzgesetze, verursacht durch allzu wilde und rücksichtslose Camper, sollten gemeinsam angegangen werden. Denn, so argumentierte der DCC, das Zelten »ist ein Teil des Sozialtourismus und ein Teil der Erholungsgestaltung«.

Plakatwerbung in den Fünfzigern

Als Interessenvertreter der Verbraucher, der »Camper«, wurde der Dialog mit der Auto- und Caravanindustrie eine zentrale Aufgabe des Clubs. Eine der ersten Forderungen an die Autoindustrie war es, ein campingfreundliches Auto zu konzipieren. Damals waren Kleinwagen, allen voran der VW Käfer, die gängigen Modelle auf dem Automarkt. Die kleinen Kofferräume erforderten viel Geschick beim Packen, denn der Mensch im Wirtschaftswunder wollte gerade im Urlaub nicht auf die Attribute des neuen Wohlstandes verzichten. Im Gespräch mit der Caravanindustrie, die ein vitales Interesse am Dialog mit den potentiellen Käufern hatte, tauschte man Erfahrungen aus, die oft bei der nächsten Caravan-Ausstellung schon in die Tat umgesetzt worden waren. Mit dem Verband der Deutschen Wohnwagenhersteller arbeitet man unter anderem eng in Normausschüssen zusammen. Die Beschwerden, die seit jeher in der Münchener Zentrale des DCC entgegengenommen werden, versucht man in konstruktiven Gesprächen mit den Herstellern zu klären. Die Industrie sieht im DCC einen erfahrenen Gesprächspartner, dessen Erfahrungen oft Eingang in die Entwicklung neuer Produkte gefunden haben. Im Laufe der Jahre wurde diese Zusammenarbeit oft als eine bedenkliche Koalition angefeindet, doch die Forderungen des Verbraucherverbandes DCC an die Industrie führen langfristig immer wieder zu tragbaren Kompromissen und Lösungen.

Die Präsidenten des Deutschen Campingclubs e.V., Dr. Max Eckert (1948 bis 1964), Friedrich A. von Horn (1964–1970), Egon Skorczewski

(1970 bis 1982), Walter Krey (1982–1990) und der amtierende Präsident Dr. Hans-Josef Giesen haben den Club trotz unterschiedlicher Schwerpunktsetzungen kontinuierlich zu einem Dienstleistungsunternehmen entwickelt, das das erklärte Ziel hat, sich mit einem Minimum an Vereinsmeierei auch in Zukunft den Aufgaben der Camping-Caravaning-Bewegung in Deutschland und Europa zu stellen. Die Serviceleistungen sind zeitgemäß und reichen von der direkten telefonischen Beratung, der Internet-Homepage bis zur organisierten Reiseveranstaltung. Mit der monatlich erscheinenden Zeitschrift *Camping* werden die ca. 44 000 Mitglieder des DCC ausführlich über das Neueste in Sachen Camping informiert. Der DCC feierte im Jahr 1998 sein 50jähriges Bestehen.

Der Allgemeine Deutsche Automobil Club e.V.

Neben dem DCC ist es der Allgemeine Deutsche Automobil Club (ADAC), der sich intensiv um die Belange der Freizeitmobilisten kümmert. Seit seiner Gründung im Jahr 1903 haben sich viele spezielle Bereiche herausgebildet. Natürlich war und ist die Verbindung zur Camping- und Caravaningbewegung eine besonders enge. Der ADAC brachte zudem 1938 den ersten Deutschen Campingführer heraus.

Heute unterhält der ADAC eine leistungsfähige Camping- und Caravaningabteilung, die sich im weitesten Sinne um die Belange des modernen Campingtourismus kümmert. Das informative Campingpaket, das den Mitgliedern zur Verfügung gestellt wird, umfaßt Faltblätter und Broschüren mit Tips rund um den Campingurlaub. Da sind zum Beispiel die Empfehlungen vor dem Kauf eines Freizeitfahrzeugs, Tips zum Fahren und Betreiben sowie Routenvorschläge. Unkompliziert gibt es auf fast jede Frage eine Antwort, ob es um Servicestationen geht, Campingplätze, die nahe der Autobahn liegen, Gasstationen oder um die besonderen Verkehrsbestimmungen in den einzelnen europäischen Ländern für Campingfahrzeuge. Seit 1994 erscheint zweimal im Jahr die Zeitschrift *ADAC Freizeit Mobil,* die über aktuelle Tendenzen berichtet und einen beliebten Testteil beinhaltet. Der Campingführer des ADAC, der jährlich in 2 Bänden erscheint, unterteilt in Nordeuropa/Deutschland und Südeuropa, gilt aufgrund seiner guten Systematik national wie international als einer der profundesten Campingführer in Europa. Ein geschultes Team von Campingplatz-Inspekteuren ist Jahr für Jahr in ganz Europa unterwegs und prüft bis ins Detail alles, was für den Camper wichtig ist. Das Club-Reisebüro bietet unter anderem die Möglichkeit, die Welt mit einem gemieteten Wohnmobil zu entdecken. Ob Neuseeland, die USA oder Namibia, das Angebot ist vielfältig.

Neben diesen Angeboten rund um den Campurlaub bietet der ADAC Caravan-Fahrtrainings an, die dem Einsteiger zu einem sicheren Fahrverhalten verhelfen sollen. Politisch ist der ADAC als starke Lobby Gesprächspartner aller entscheidenden Stellen. Bei Themen wie Tempo 100 für Gespanne, DIN- und Zulassungsbestimmungen für Campingfahrzeuge oder gar die Planung eines neuen Campingplatzes versucht er die Vorstellungen seiner Clubmitglieder machtvoll durchzusetzen.

Viele Camper, Caravanfahrer und Reisemobilisten sind sowohl Mitglied im DCC als auch im ADAC. Die Beziehung zwischen den beiden scheinbar konkurrierenden Clubs wird von beiden Seiten als produktives Nebeneinander verstanden, wo Differenzen in gemeinsamen Diskussionen ausgeräumt werden.

Clubs hinter der ehemaligen Mauer

In der ehemaligen DDR war Camping im organisierten Ausmaß ebenfalls erst dann ein Thema, nachdem die großen Sorgen der Nachkriegszeit überstanden waren. Die Reisen, die man unternahm, waren eher Versorgungstouren. Camping als Massentourismus entwickelte sich in den sechziger Jahren. Der Grundurlaub wurde erst 1965 auf 15 Tage angehoben, und der Wunsch nach »Wohlerleben« bekam Zeit. Die Rahmenbedingungen für das Camping hatte man aber schon 1956 festgelegt. Die Verwaltung der Plätze, die vorher von Gemeinden, Förstereien oder Privatpersonen betreut worden waren, wurden nun zentral geregelt. Die Verantwortlichkeit blieb aber bei den Bezirken. Für die Nutzung der Zeltplätze wurde eine einheitliche Gebühr erhoben; es waren Groschenbeträge. Einen Überblick gab seit Anfang der sechziger Jahre der Campingwegweiser, der mehrsprachig und umfassend über Campingmöglichkeiten in der DDR informierte. Im Vorwort einer Ausgabe der siebziger Jahre heißt es:

»Diese vom VIII. Parteitag der SED aufgezeigte Entwicklung schließt ein, daß auch Campingtouristik im Gesamtgefüge des Erholungswesens entsprechend den Interessen und Wünschen der Werktätigen und der Jugend an Bedeutung zunimmt und vielseitiger sowie niveauvoller gestaltet wird. Die örtlichen Staatsorgane entwickeln dabei in zunehmendem Maße mit den gesellschaftlichen Organisationen, Betrieben und ehrenamtlichen Helfern ständig neue Initiativen, um diesem Bedürfnis immer besser Rechnung zu tragen. 1973 fanden 1,7 Millionen Campingfreunde des In- und Auslandes auf zahlreichen Campingplätzen gute Voraussetzungen für eine kollektive und individuelle sportliche und touristische Betätigung.«

Im inhaltlichen Aufbau unterschied sich der Führer nicht wesentlich von den anderen (westlichen) Campingführern. Die Zeichenerklärung war ausführlich und reichte bis zur Information, daß es beispielsweise eine Bügelstube oder Frauen- und Männerwaschräume gab. Auch ein Artikel über Naturschutz fand sich, der an die Verantwortung der Camper appellierte.

In den siebziger Jahren formierten sich mit der zunehmenden Verbreitung von Wohnwagen, meist Eigenbauten, private Vereine in Sachen Camping. Einer der ersten Clubs dieser Art wurde in Heidenau bei Pirna gegründet. In der Folgezeit gründeten sich in der ganzen DDR Clubs, so in Leipzig, Dessau, Magdeburg, Berlin, Anklam, Halle, Calau, Suhl, Hoyerswerda, Karl-Marx-Stadt und anderen Orten. Die Vereine wurden dem Allgemeinen Deutschen Motorsport Verband (ADMV) zugeordnet, denn in der DDR gab es lange kein Vereinsrecht. Die Clubs organisierten Treffen und Ausfahrten. Man informierte sich untereinander und staffelte die größeren Treffen, damit die überregionalen Veranstaltungen gut besucht waren. Sollte ein clubeigenes Anwesen geschaffen werden, gab es meist keine unüberwindlichen staatlichen Restriktionen. Es wurden Kontakte ins sozialistische Ausland geknüpft, und nicht selten kam es zu wechselseitigen Besuchen. Während ein deutscher Club nach Polen fuhr, nutzten die polnischen Kollegen den Vereinsplatz zu Hause. Der Caravan Touristikclub Chemnitz zum Beispiel besaß eine Clubstätte mit 40 Stellplätzen für Wohnwagen. Mit der Wiedervereinigung schlossen sich die DDR-Camping-Clubs den westlichen Vereinen als Orts- oder Landesverbände an.

Reisemobil Union e.V.

Neben den beiden großen Clubs DCC und ADAC, die mit ihren Landesverbänden und Ortsgruppen eine aktive Clubbasis haben, hat sich die Reisemobil Union e.V. (RU) zusammengefunden. Der Dachverband versteht sich als Benutzerlobby der Reisemobilfahrer und fußt auf regionalen Reisemobil-Clubs, deren Interessen er gegenüber Herstellern, Händlern und Behörden vertritt. Die Initiatoren sind der Meinung, daß Reisemobilfahrer keine Camper sind, für sie ist das Reisen das eigentliche Ziel. So heißt ihre Hauptforderung auch folgegerecht: Es muß ereignisnahe Stellplätze alternativ zu Campingplätzen geben. Hierfür hat die RU einen Leitfaden für Gemeinden entwickelt, damit Plätze entstehen, die reisemobilfreundlich sind und nur von Reisemobilen genutzt werden sollen. *Mobile Szene aktuell* heißt das Club-Magazin. Die Definition, daß Reisemobile Freizeitfahrzeuge mit eigener Motorkraft sind und somit flexibler und öfters den Standort wechseln, hat die RU wörtlich genommen, um sich vom Camping im klassischen Sinne zu unterscheiden.

Verband Deutscher Wohnwagen- und Wohnmobil-Hersteller e.V.

Unter anderem mit den Slogans »Willkommen in der Formel Eins des Reisens« und »Caravaning-Urlaub will ich« versucht der Verband Deutscher Wohnwagen- und Wohnmobil-Hersteller e.V. (VDWH) eine breite Öffentlichkeit für das Caravaning zu gewinnen. Der VDWH wurde 1962 gegründet und sieht seine Aufgabe darin, in fachlichen und wirtschaftspolitischen Belangen die Interessen der Caravan- und Motorcaravanhersteller und nahestehender Unternehmen zu vertreten. Neben den technischen Rahmenvorschriften, die auf europäischer Ebene verhandelt werden, stehen besonders Umwelt- und Gesundheitsaspekte im Vordergrund. Die Themen Emissionen, Entsorgung und Recycling werden in Hinsicht auf den Freizeitfahrzeugmarkt genau untersucht und werbewirksam publiziert. Als Marketingleistung bietet VDWH ein umfangreiches Statistikmaterial, von den jeweiligen Zulassungszahlen einzelner Zeitabschnitte bis hin zu Exportanteilberechnungen. Reise- und Urlaubsanalysen dienen dazu, potentielle Käuferschichten anzusprechen.

Für den VDWH besteht die Philosophie des Caravaning in einem Höchstmaß an Individualität, Bewegungsfreiheit, Naturnähe und Gemütlichkeit. In der Organisation der wichtigsten Freizeitmessen ist der VDWH federführend. Die Öffentlichkeitsarbeit stützt sich auf die Werbezeitschrift *Caravaning,* die Reisemobil-Servicekarte Deutschland, das Bordbuch für Motorcaravaner, ein Video »Reisen mit dem Wohnmobil«, eine CD-Rom »Caravaning ist mehr«, Jahresbericht, Statistikband und eine Homepage im Internet.

Mit der Kampagne »Welcher Caravaning-Typ sind Sie?« wird die Zielgruppe systematisch ausgelotet: die Marktanalyse wird zu einem strategischen Instrument, das eine größere Kaufbereitschaft erzeugen soll. Mit sieben Fragen über das Freizeitverhalten wird der potentielle Einsteiger zu einem Typ.

1. Der Familienurlaubs-Typ, der die Familie im Mittelpunkt seines Urlaubs sieht. Hier wird vor allen Dingen darauf hingewiesen, daß es eine zusätzliche Urlaubsqualität ist, daß man beim Caravaning all die nötigen Dinge mit auf Reisen nehmen kann. Die heimische Vertrautheit wird durch das Freizeitfahrzeug zu einem zweiten Zuhause.
2. Der Beziehungsurlaubs-Typ, dem ungestörte Zweisamkeit, Kultur und Unabhängigkeit wichtig sind.
3. Der Winterurlaubs-Typ ist derjenige, der in der kalten Jahreszeit von einem Skigebiet zum anderen zieht. Man muß nicht mehr zusammenpacken, wenn es keinen Schnee gibt, sondern setzt sich ins Wohnmobil und steuert eine andere Piste an.
4. Der Abenteuerurlaubs-Typ wird als derjenige vorgestellt, der selbst entdecken will und dem »Heute hier und morgen fort« folgt. Das Freizeitmobil soll ihm einen Urlaub jenseits der Touristenpfade ermöglichen.
5. Dem Sporturlaubs-Typ ist nichts wichtiger als Bewegung. Natürlich ist das Mobil als bewohnbares Transportfahrzeug gefragt, ob Surfbrett, Drachen, Mountainbike oder Kajak, der Aktivurlaub hat eine bewegliche Basis.

Gerade die betuchten jungen Sechzigjährigen finden es wunderbar, wieder ein Typ zu sein, nach einem langen Arbeitsleben steht die Welt für sie wieder offen. Und was liegt näher, als mit der vertrauten Häuslichkeit unterwegs zu sein. Damit die potentiellen Zielgruppen direkt erreicht werden, hat der VDWH sich als Verein »eingerichtet«, um nicht als bloßer Anbieter von Freizeitartikeln zu erscheinen.

Fédération Internationale de Camping et de Caravanning

Der internationale Dachverband der Camper aus aller Welt ist die Fédération Internationale de Camping et de Caravanning (FICC). Die Föderation wurde 1933 in Saxenheim, Niederlande, gegründet und hat heute ihren Sitz in Brüssel. 16 Clubs aus 7 Ländern hatten sich eingefunden, um eine weltumspannende Vereinigung in Sachen Camping zu etablieren. Inzwischen sind es 48 Clubs und Verbände aus 35 Ländern, die den internationalen Fachverband bilden, der die Interessen seiner Mitglieder bei den nationalen und internationalen Ämtern und Behörden vertritt. Die Föderation sieht ihre wesentliche Aufgabe in der weltweiten Koordinierung der Interessen von Campern und Caravanern. Hierzu wurden unter anderem die internationalen Klassifizierungen der Campingplätze ausgearbeitet. Die vom FICC ausgearbeiteten Vorlagen finden sich in allen Satzungen der Nationalen Verbände und Clubs wieder. Damit Camping auch in Zukunft eine beliebte Urlaubsform bleibt und nicht unversehens in Verruf gerät, setzt man sich für eine Steigerung des Umweltbewußtseins ein und propagiert den sanften Umgang mit dem kulturellen Erbe der Menschheit.

Die internationalen Rallyes, die von der FICC jährlich veranstaltet werden, dienen als Foren, um Lösungen auszuarbeiten, die der Entwicklung von Camping und Caravaning in der ganzen Welt förderlich sind. Die Veranstaltungsorte der Rallyes spiegeln im Laufe der Jahre die weltweite Verbreitung der Campingidee wider: von Großbritannien bis Japan, von Schweden bis Nord- und Südamerika, von Israel bis in die Tschechoslowakei.

Die europäischen Nachbarn

In der Schweiz setzt sich der Schweizerische Camping- und Caravaning Verband SCCV seit 1936 für die Belange der Campingbewegung im Alpenland ein. Ähnlich wie in Deutschland tauchten auch in der Schweiz erst Anfang der fünfziger Jahre Wohnwagen auf den Campingplätzen auf, bis dahin wurde Camping als reiner Zeltsport verstanden. Der SCCV versteht sich als Dachorganisation der 40 regionalen Campingclubs und gibt die *Camping und Caravaning Revue* heraus, die alle interessierten Eidgenossen mit aktuellen Informationen auf dem laufenden hält. Das Schweizer Camping-Verzeichnis erreichte 1998 seine 55. Auflage und beinhaltet auch Informationen über Plätze im Ausland. Als Transitland und beliebtes Wintersportziel bemüht man sich, moderne Plätze einzurichten, die vor allem die Wohnmobilisten zufriedenstellen sollen.

Der Touring-Club der Schweiz gibt auch einen Campingführer heraus, in dem er eine kleine Auswahl ausländischer Plätze listet, die sich nach Meinung der Redaktion besonders für Schweizer Camper eignen.

Der Österreichische Camping Club (ÖCC), der sich seit 40 Jahren in der touristischen Alpenrepublik um Campingangelegenheiten kümmert, wird professionell als moderner Club geführt. Der ÖCC wurde 1951 gegründet und organisierte bereits 1952 die erste Campingausstellung in Österreich. Mit dem Eintritt in die Fédération Internationale de Camping et de Caravanning (FICC) organisierte er auch 1967 die erste Rallye auf österreichischem Boden. Der Club betreut heute etwa 10 000 Mitglieder. Mit der Zeitschrift *Camping Revue* informiert er seine Mitglieder über aktuelle Campingthemen. Alle zwei Jahre erscheint der österreichische Campingführer unter Federführung des Clubs. Organisierte Campingreisen werden in der Extrabroschüre *Camp Tours* offeriert. Seit 1994 bietet der Club auch spezielle Fahrtrainings für Caravanfahrer an.

Es gibt kein Land in Europa, wo sich die Camper, Caravaner und Reisemobilfahrer nicht zu einem Club zusammengeschlossen haben: der Caravan Club of Great Britain and Irland, die Vlaamsche Kapeer Centrale in Belgien, der Touringclub der Niederlande, die Dansk Camping Union, um nur einige zu nennen, stehen in einem regen Austausch miteinander. Die in den jeweiligen Landessprachen herausgegebenen Campingführer haben den Vorteil, daß sie ausführlicher über die jeweiligen landesspezifischen Gegebenheiten informieren.

Ein Club und ein Museum

Sammler sind ein eigensinniges Volk. Mit einer Inbrunst und kaum zu überbietender Aufmerksamkeit suchen sie nach Dingen, deren Wert sie höher schätzen als andere Mitmenschen. Dafür ist ihnen keine Mühe zuviel. Was manchmal mit einer liebevollen kleinen Sammlung beginnt, endet in einem Berg von Fundsachen, die Raumprobleme schaffen. Jene, die sich um Diamanten oder Karnevalsorden kümmern, besitzen dabei einen großen Raumvorteil denjenigen gegenüber, die sich von größeren Dingen angezogen fühlen. Nicht selten führt die Sammelleidenschaft auch in den wirtschaftlichen Ruin.

Aber was wären unsere Museen und so manche Sonderausstellung, wenn sich nicht irgendwo ein Mensch oder ein Verein gefunden hätte, der in liebevoller Kleinarbeit eine Sammlung zusammentrug, die irgendwann genau zum Zeitgeist paßte. Auch für Dinge scheint zu gelten, die Zeit muß eine Patina auftragen, damit der Mensch wieder die Lust empfindet, genau diese Patina zu suchen, um das Ding als Erinnerungsobjekt wieder in den Raum zu stellen. Es mag alles verwunschen klingen, ist es auch. Die Triebfeder des Sammlers, und mag man sie noch so genau zu analysieren versuchen, ist nicht rational, sondern Leidenschaft, die einem bestimmten Teil der Vergangenheit wieder Leben einhaucht. Und aus dem unscheinbaren leidenschaftlichen und heimlichen Bestreben, ein Thema gänzlich zu entdecken und materiell zu konservieren, wächst dann irgendwann das Interesse der Öffentlichkeit. Dann wird der vermeintliche Kauz zu einer gefragten Institution.

Wie gesagt, eine bestimmte Zeit muß vergehen. Die Zeltner und Caravanfahrer scheinen schon immer eine besondere Liebe zum Material gehabt zu haben. Stand vielleicht zu Beginn der Erhalt der geliebten Urlaubsutensilien aus finanziellen Gründen und dem Stolz, eine besonders gute Ausrüstung beieinander zu haben, im Vordergrund, so ist es heute ein gewisser Widerstand gegen die Materialflut und die Modellvielfalt, die dem ursprünglichen Streben nach Erholung in der Natur und dem wahren Erleben des Campings entgegenzustehen scheint.

Wenn auch jede Neuerung in der Campingszene, besonders was das Material angeht, freudig aufgenommen wird, so gibt es doch immer mehr Kritiker, die meinen, mit einer Fernsehschüssel auf dem Caravan gehe das Ursprüngliche verloren. Die langen Abende draußen sollen der Erholung und der Geselligkeit dienen und nicht dem sturen Hocken vor der Kiste, die schon zu Hause genügend Raum einnimmt.

Damit die traditionellen Werte des Campings erhalten bleiben, hat sich 1988 der Camping Oldie Club e.V. (COC) erstmals auf dem Campingplatz »Schinderhannes« im Hunsrück zusammengefunden. Inzwischen hat der Club fast 300 Mitgliedsfamilien und insgesamt 400 Campingfahrzeuge. Der COC verfolgt seit nunmehr zehn Jahren erfolgreich seine Ziele. Im Grußwort zum zehnjährigen Bestehen des Camping Oldi Clubs erinnert der Motorjournalist und Sammler Fritz B. Busch an die Anfänge des Campings:

»Ich hege gar den leisen Verdacht, daß ich an der Erweckung der fröhlichen Caravan-Oldtimerei nicht ganz unschuldig bin. Vor Jahren regte ich in einem Caravan-Aufsatz in *auto, motor und sport* an, man möge doch einmal überlegen, ob es nicht sinn- und lustvoll wäre, nicht nur Automobile, sondern auch Wohnwagen zu restaurieren. Ich habe vergessen, wann das war, aber es ging der Gründung des COC voraus, und es war ernst gemeint.

Als Camper und Autotester hatte ich 1958 begonnen, nicht nur Automobile, sondern auch Caravan-Gespanne testend (und somit reisend!) zu beschreiben. Mein erster diesbezüglicher Bericht erschien unter der Headline: ›Dauphin mit Gartenlaube‹. Er beschrieb eine Reise von Hamburg an die Riviera, und der Dethleffs Camper, dem damals mir als leidgeprüftem Zeltler meine Zuneigung galt, steht heute in meinem Museum in Wolfgegg. Hauptgrund des Jubels: Nun war man weg vom nicht selten nassen Erdboden und konnte auch endlich die Luftmatratze vergessen. Auch die

Suche nach der Apfelsinenkiste, die man umstülpen konnte, um seinen Spirituskocher darauf zu plazieren, entfiel – die reisende Hausfrau verfügte nun über eine ›Einbauküche‹. Den Kühlschrank und die eigene Toilette vermißten wir noch nicht. Wir waren noch bescheiden und außerdem gezwungen, unserem damaligen schwachbrüstigen Zugwagen zuliebe das ›Haus am Haken‹, wie Kollege Werner Lange das Anhängsel nannte, klein zu halten.

Dieser glückliche Umstand führte zu Caravan-Konstruktionen, die heute für den Sammler oder Betrachter das Salz in der Suppe sind. Man mußte sich als Produzent mehr einfallen lassen, als nur die Möblierung einer Kiste. Es gab wahrhaft köstliche und für unsere damaligen Bedürfnisse geniale Lösungen. Noch heute fasziniert mich jeder, auch der neu produzierte Falt- und Klappcaravan, weil er mich an damals erinnert, und weil er nicht selten, wie eh und je, für den Besitzer eines kleineren Zugwagens das Ei des Columbus ist. Eben unter dem Motto: Einszweidrei – Haus dabei!«

Die engagierten Camper, die sich im COC zusammengefunden haben, verstehen sich als Interessengemeinschaft, die sich folgendes zum Ziel gesetzt hat: Erhaltung alter Zelte, Zeltanhänger, Klappcaravans, Reisemobile und die Pflege alten Campingbrauchtums. Kaum fünfzig Jahre nach dem Boom des Campings in Deutschland sind also Leute zusammengekommen, um die, historisch gesehen, junge Vergangenheit des Campings in Deutschland lebendig zu halten. Der COC versteht sich als Ergänzung zu den Camping- und Automobil-Oldtimer-Clubs.

Man setzt auf aktive Mitglieder. Angesprochen fühlen sollen sich Besitzer von Campingausrüstungen, die mehr als zwanzig Jahre alt sind. Die Fahrzeuge sollten zugelassen sein, auch die Zelte sollten noch benutzt werden. Und wenn einer ein selbstausgebautes Reisemobil sein eigen nennt, sollte der Ausbau ebenfalls vor mehr als zwanzig Jahren stattgefunden haben. Wie in jedem Oldie-Club geht es hier um die schönsten Stücke und gegenseitige Hilfe bei technischen Fragen, die dem Original gerecht werden. Die jährlichen Treffen an verschiedenen Orten Deutschlands und in den Nachbarländern sind eine Show im besten Sinne, bei der jeder seine Schätze herzeigen kann. Die europäischen Kontakte pflegt der Club mit internationalen Treffen, ob mit dem »Campingveteranera« aus Schweden, dem »Classic Caravan Club« aus Belgien, dem »Oldtimer Caravan Club« der Niederlande, dem »Period & Classic Caravan Club«

in Großbritannien oder dem »Retro Camping Club de France«. Diese Treffen sind wertvolle Informations- und Tauschbörsen, denn so manches Einzelstück, das fehlt, ist vielleicht auf geheimnisvollen Wegen auf einer beliebten Urlaubsinsel wieder aufgetaucht. Und mögen die Funde noch so unansehnlich oder desolat sein, man bemüht sich, sie wieder originalgetreu zu restaurieren. Da findet sich schon mal ein kompletter Wohnwagen aus vergangener Zeit in Einzelteilen irgendwo in der Halle eines Tischlermeisters. Oder jemand ruft an und hat einen Sport-Berger, Baujahr 1939. Es bedarf schon einiger Energie, um so manches alte Schätzchen, das vielleicht einige Jahre im Freien gestanden hat, zu entdecken und aus seinem Dornröschenschlaf zu wecken.

Der COC unterhält ein Archiv, in dem mit viel Liebe all das zusammengetragen wird, was an alten Prospekten, Bedienungsanleitungen, Zeitschriften, Büchern und Fotos in Sachen Camping dokumentiert wurde. Nach vorheriger Anmeldung bei Josef Denzel, der das Archiv in seinem Haus in Steinheim unterhält, kann sich der interessierte Journalist informieren oder ein Bastler endlich einen Hinweis finden, wo die alte Achse seines Wohnanhängers gefertigt worden ist.

Die Wanderausstellung *Eins, zwei, drei – Haus dabei!*, inszeniert vom Deutschen Technik Museum in Berlin, wurde mit vielen Exponaten der COCler bestückt. Diese Ausstellung, die in Berlin und im Industriemuseum in Oberhausen gezeigt wurde, hat wesentlich mit dazu beigetragen, daß der Camping Oldie Club in weiten Camperkreisen bekannt wurde. Kleinere Zusammenstellungen der Objekte sind immer wieder auf Campingmessen zu sehen. Hier begeistern die schönen alten Modelle die Messebesucher mitten im Dschungel der neuen, und manch einer bemerkt, daß das Alte gar nicht so weit entfernt war von dem, was heute als »letzter Schrei« gilt. Manche »alte« verarbeitete Idee beflügelt den modernen Camper, sie vielleicht in seinem Caravan zu verarbeiten.

Auch die Freizeitmobil-Industrie entdeckt zunehmend die eigene Geschichte, und in Zukunft werden die Begeisterten wohl einige markenspezifische Ausstellungen zu sehen bekommen. Vereinzelt wurden solche auch schon in den siebziger Jahren organisiert, beispielsweise von einem Heidelberger Wohnwagenhändler, der zu diesem Anlaß einen Brief aus Amerika erhielt, der ihn begeisterte:

»An allem fehlte es den Autopionieren, nur nicht an Erfindergeist. Sie buken Kartoffelpuffer auf den Auspuffrohren und schliefen mit Sechskammer-Revolver unter dem Kopfkissen. Im Jahre 1905 schnallte der Campingfreund einen riesigen Koffer auf das Wagenheck, befestigte einen gewaltigen Schirm über dem Fahrersitz, kurbelte den Motor an und begab sich auf Fahrt in Gottes freie Natur. Wie da der Staub wirbelte! Gute Straßen gab es kaum.

Starke Männer starteten vor rund 60 Jahren eine neue Art von Erholungsreisen, die bald großen Anklang fanden. Über 41 Millionen Amerikaner werden 1966, wie die National Geographic Society schätzt, Autocamping machen. Der Verkauf von ›Erholungsfahrzeugen‹ hat sich in den USA seit 1962 verdreifacht. Das Repertoire reicht von Anhängern mit darauf montierten Zelten bis zu richtigen Häusern auf Rädern mit Küche, Bad, Schlafzimmer und neuerdings sogar mit einer hübschen Veranda. Die ersten Campingfreunde konnten von solchem Luxus nicht einmal träumen. Im besten Falle wurde ein überdachter zweirädriger Anhänger angekoppelt, der mit einem Eisschrank, einem Ofen und einem Tisch ausgerüstet war. Auch Zelte aus Luftballonseide führte man mit. Das aber war schon Superluxus. Die meisten Wagen hatten keine Heizung. Ihre Fahrer begnügten sich mit mit Asbest verkleideten Blechkisten, durch die das Auspuffrohr geleitet wurde. Während der Fahrt betrachteten die Campingreisenden die Natur – und in der Blechkiste kochte die Suppe. Auf Eßkörbe verzichtete niemand. Wenn es ums leibliche Wohl ging, waren die Pioniere der Campingbewegung nicht knauserig.

Der Zeit entsprechend hatten die Eßkörbe den Umfang eines Überseekoffers. Geschlafen wurde außerhalb des Autos auf einer zwölf Pfund schweren Matratze, die während der Fahrt unter der Hecksitzbank verstaut lag.

Doch um sich richtig zu entspannen, brauchten die Campingfreunde mehr als ein notdürftiges Bett. In den ersten Prospekten stand zu lesen: ›Bevor Sie sich zur Ruhe begeben, überzeugen Sie sich, daß alles gut verschlossen ist, damit sich während Ihres Schlafes niemand des Wagens bemächtigen kann. Ein Sechskammer-Revolver unter dem Kopfkissen kann da sehr nützlich sein.‹

1919 richtete die Stadt Denver einen 160 Morgen großen Campingplatz ein, mit fließendem Wasser und Toiletten. Die Stadt Los Angeles wollte nicht nachstehen. Ihr Campingplatz lockte mit Duschbädern, Gasöfen und Heißwasser. So ging denn das spartanische Leben der Camper langsam zu Ende.

1920 zählte man in den USA schon eine Million Menschen, die sich motorisiert zum Camping-Sport aufmachten. 300 Städte hießen sie auf städtischen Campingplätzen willkommen. Nicht willkommen dagegen waren die Blechkisten-Touristen, Anhänger und Mitglieder des ›Vereins freier Geister‹, die ohne Geld zu reisen versuchten. Als Vereinsabzeichen diente ihnen eine am Kühler befestigte alte Blechbüchse.

Henry Ford spielte die Hauptrolle im Bestreben, das Auto-Camping volkstümlich zu machen. In den Jahren 1911 bis 1923 gesellte er sich zu Thomas Edison und Harvey Firestone. Mit ihnen zog er campend durch die Lande. Ihre Karawane von Reise- und Lastwagen, die unter der Last der mitgeführten Vorräte keuchten, rollte über Straßen und Feldwege. Sie durchzog die Catskills, Alleghenies und Great Smokies. Jeder Campingfreund war mit einem eigenen Zelt ausgerüstet, das abends Edisons Lampen erhellten. Henry Ford ließ es sich nicht nehmen, die transportable elektrische Anlage mit eigener Hand zu bauen.

Einmal hielt die Reisegesellschaft in einer kleinen Stadt im Bundesstaat Pennsylvanien, weil etwas zu reparieren war. Der Mechaniker des Städtchens besah sich den Schaden, schüttelte den Kopf und sagte: ›Wo Kühler und Ventilator kaputt sind, ist nichts mehr zu machen.‹ Wütend krempelte Henry Ford die Ärmel hoch und reparierte ganz allein den defekten Wagen. Nur an moralischer Unterstützung einer großen Zuschauermenge fehlte es ihm nicht. So wurde Henry Ford zum Wegbereiter unserer heutigen Campingbewegung.«

Sie sehen, bei historischen Schilderungen dieser Art gibt es nicht wenig Überschwang. Aber der Brief ist es allemal wert, in einem Campingarchiv aufbewahrt zu werden.

Das erste Deutsche Camping-Museum steht im Spreewald bei Berlin

»Es störte mich sehr, daß meine Landsleute nach 1990 alles wegwarfen – nicht nur Identität, sondern auch Dinge, die mal ihr Leben ausgemacht haben. So fing ich aus Trotz an zu sammeln.« Heinz G. Müller aus Groß-Leuthen, der das moderne EuroCamping Spreewaldtor in der Märkischen Heide führt, ist ein energischer Mann. Die Idee, auf dem Campingplatz im Spreewald auch ein Campingmuseum einzurichten, wurde geboren, nachdem eine Berliner Journalistin auf dem Platz ein »Dübener Ei« entdeckt hatte, das Heinz G. Müller vor der Schrottpresse gerettet hatte. Der findige Campingplatzbetreiber schlug daraufhin zwei Fliegen mit einer Klappe, zum einen konnte er seinen Gästen Campinggeschichte präsentieren, zum anderen würde seine Sammlung viele Neugierige in die Märkische Heide ziehen.

Die Angebote an Raritäten aus der nahen Campingvergangenheit häufen sich inzwischen, und aus Prinzip kauft der ungewöhnliche Museumsdirektor alles zu einem symbolischen Preis von einer Mark. Es ist mittlerweile so, daß Heinz Müller auch Angebote zurückweisen muß, denn der Traum von einer großen Halle, in der er seine Lieblinge sicher unterstellen kann, ist noch nicht verwirklicht. Noch stehen sie zum Großteil im Freien. Die Sammlung ist seit den Anfängen stattlich gewachsen, und das erste Deutsche Camping-Museum ist mittlerweile im Guinness-Buch der Rekorde aufgeführt. Eine Urkunde bestätigt dem engagierten Sammler, daß er mit 30 Exemplaren die weltweit größte Sammlung von Campingfahrzeugen besitzt. Zu den Schmuckstücken gehören solche Raritäten wie das Dübener Ei, ein in frühen DDR-Zeiten sehr beliebter Campingwagen. Müllers Exponate werden sogar für Fachmessen und Ausstellungen ausgeliehen.

Ob er wirklich das erste Deutsche Camping-Museum sein eigen nennen darf, ist allerdings die Frage. Denn Willi Bayer, ein passionierter Camper und Sammler aus dem Süddeutschen, hatte in den sechziger und siebziger Jahren einiges zu einem Caravan-Museum zusammengetragen. Leider hatte die Sammlung aus wirtschaftlichen Gründen nicht lange Bestand. Tatsache aber bleibt, solch eine öffentliche Sammlung gibt es nirgendwo sonst in Deutschland. Die Exponate, die man im Spreewald zu sehen bekommt, zeugen von einem Erfindungsreichtum, der gerade im »Volkssport Camping« zu ungewöhnlichen Ergebnissen geführt hat. Das Schwergewicht der Sammlung liegt auf Stücken aus der DDR-Zeit, die mit ihren langen Wartezeiten und dem Materialmangel den Erfindungsgeist besonders gefördert hat. Man ging nicht einfach in einen Shop und kaufte sich Zubehör, sondern »man kannte jemanden, der jemanden kannte«, und nach einer unbestimmten Zeit konnte es sein, daß man eine Achse, die für einen Feuerwehrwagen gedacht war, für seinen Wohnanhänger erwerben konnte. Die Exponate, die Heinz G. Müller zusammengetragen hat, sei es ein »Flüchtlingskoffer«, ein »Wanderklo«, ein luxuriöser »Nagetusch,

Ein Museum geht auf Reisen

Baujahr 1964«, die »Villa Sachsenruh«, wie das Dachzelt für den Trabbi genannt wurde, einen »QEK«, ein »Intercamp« oder der »Kleine Sachse« zeigen den Erfindungsreichtum von Campern auf der Suche nach Komfort im Freien, damit das Plastikgeschirr, das Aluminiumbesteck, der Gaskocher und der Reisekleiderbügel wohlbehalten an der Ostsee ankamen und der Urlaub so richtig genossen werden konnte.

Genießen kann man auch heute seinen »Urlaub wie einst in der Zone«, denn Heinz G. Müller vermietet einige seiner Lieblinge. Hier kann der Nostalgiker für einige Nächte die ursprüngliche Funktionalität am eigenen Leib erleben.

Treu geblieben

Wenn ich sie auf der Straße mit ihrem Wohnwagengespann gesehen hätte, wäre ich wohl eine Weile hinter ihnen hergefahren, um sie bei der nächsten Rast anzusprechen. Aber die Chance, sie auf einer Autobahn anzutreffen, ist sehr gering, denn sie bevorzugen die Bundes- und Landstraßen, um mit ihrem VW Käfer, der solide und brav den kleinen Wohnwagen zieht, in ihren Campingurlaub aufzubrechen. Die Rede ist von dem Ehepaar Helga (77) und Kurt Wallenfang (86), die auf unverwechselbare Art und Weise Campinggeschichte geschrieben haben. Im Jubiläumsheft zum zehnjährigen Bestehen des Camping-Oldie-Clubs e.V. hatte ich von ihnen gelesen. Meine telefonische Anfrage, ob ich sie einmal besuchen dürfte, wurde herzlich beantwortet: »Kommen Sie vorbei. Wir haben Zeit.«

In ihrem Haus, im Kölner Südosten, das einmal einsam auf freiem Feld erbaut worden ist und jetzt inmitten einer Siedlung steht, haben sie sich vieles bewahrt, was ihnen im Laufe ihres Lebens wichtig und lieb geworden ist. Die Faltsegel-Jolle ist in der Garage verstaut, die Gummihaut liegt wohlbehütet im Schlafzimmer verborgen, und die vielen sichtbaren Souvenirs wecken Erinnerungen auf Schritt und Tritt. Draußen unter einem Garagenvordach steht ein Wohnwagen mit Namen »Beduin«, dem man sein Alter nicht so ohne weiteres ansieht. In der Garage ein VW Käfer, dem man ebenfalls nichts von seinem langen Autoleben anmerkt, und darüber hängt das moderne Glasfiber-Segelboot des Sohnes. Und mit einem Lächeln erklärt mir Kurt Wallenfang: »Wir haben auch noch eine Tiefgarage für unseren Beduin. Die haben wir mit eigener Hand ausgehoben, damit

»Komm Helga, laß uns reisen ...«

wir mehr Platz haben.« Tatsächlich tut sich unter Stahlrosten noch ein Raum auf, der genauso berechnet ist, daß man durch eine Tür im Wintergarten den Wohnwagen betreten kann, wenn er zum Überwintern in seinem ausgeklügelten Loch steht.

Aber das ist erst der Anfang. Viele Dinge, die sich im Laufe der Jahre angesammelt haben und alle gut in Schuß gehalten worden sind, zeigt mir Kurt Wallenfang, und er erzählt mir auch von deren Herkunft. Später, im gemeinsamen Gespräch mit Frau Helga, tauchen diese Dinge in den Reisebeschreibungen wie alte Bekannte wieder auf.

Helga und Kurt Wallenfang sind passionierte Camper, denen bis heute ihre Unabhängigkeit auf Reisen wichtig ist. Sie wollten und wollen Weg und Ziel selbst bestimmen und vor allem, auf dem Weg unabhängig sein. Ihre Geschichte ist die von zweien, die auszogen, um die Welt mit eigenen Augen kennenzulernen. Immer wieder aufs neue sind sie bis ins hohe Alter losgezogen, um mit Neugierde und Respekt Land und Leute zu erkunden. Helga meint: »Es ist so, weil wir unsere jungen Jahre an den Krieg verloren haben.« Kurt nickt. Bescheidenheit ist das Stichwort, das die beiden immer wieder nennen, um gleichzeitig von der Zufriedenheit zu sprechen, von denen ihre Reisen getragen worden sind. Abseits des großen Tourismusgetümmels haben sie gefunden, was sie gesucht haben, Erholung und ungetrübten Naturgenuß. Dabei haben sie die markantesten und beliebtesten Ziele in vielen Ländern angesteuert, aber immer mit dem Gefühl: wenn es zu eng wird, ziehen wir weiter.

Mit dem Camping begonnen hat es in den fünfziger Jahren. Weil die Wallenfangs sich davon mehr Freiraum für den agilen Sohn versprachen, unternahmen sie 1956 ihre erste Erkundungsfahrt entlang der Alpenstraße im funkelnagelneuen 30 PS starken VW Käfer. Für Helga ging ein Wunsch in Erfüllung, zum ersten Mal sah sie die mächtigen Gipfel der Alpen. Ein Zelt war noch nicht gekauft worden, denn zuerst wollte man ausprobieren, ob Camping tatsächlich die richtige Urlaubsform ist. Vater Kurt hatte ein Gestänge aus Aluminium konstruiert und Frau Helga einen Überzug aus Nesselstoff genäht, der die Schlafstatt Auto vor neugierigen Blicken schützen sollte. Der Urlaub begeisterte. Auf einfachen Campingplätzen fand man das, was man suchte: Nähe zur Natur, das Nötigste an Komfort und Bewegungsfreiheit für den Sohn. Man zog von Ort zu Ort, ganz nach Lust und Laune. Nur die Nächte zu dritt im Käfer waren etwas eng. Deshalb wurde für die nächste Tour ein französisches Steilwand-Zelt Marke »Raclet« gekauft, eine moderne Angelegenheit in jener Zeit. Nach diesem Zelturlaub fiel die Entscheidung einstimmig: »Camping ist die ideale Urlaubsform für uns.«

Der nächste Schritt konnte nur sein, daß ein Wohnwagen angeschafft wurde. Man hatte gespart, um sich den Wunsch erfüllen zu können. Der Campingboom war in vollem Gange, und die Wallenfangs versprachen sich von dem Erwerb eines Wohnwagens eine größere Unabhängigkeit auf Reisen, gerade auch in Zeiten, wo das Wetter nicht zum Camping einlädt. 1963 fand man auf dem Caravan-Salon in Essen dann, was man suchte, ein kleines rollendes Heim, nicht zu groß und nicht zu schwer, denn der VW Käfer sollte es durch die Welt ziehen können. Die Wahl fiel auf einen modernen »Beduin« der Marke Dethleffs, zu einem Preis von 5600 DM. Diesem kleinen Reiseheim, 3,10 m lang, 1,70 m breit und 600 kg schwer, sind sie bis heute treu geblieben. Und auch dem VW Käfer, der später gegen einen 44 PS starken Halbautomatik-Artgenossen eingetauscht wurde. »Ein ideales Gespann in jeder Hinsicht«, wie Helga und Kurt zu betonen nicht müde werden. »Und bis heute, auch in unserem Alter, können wir das Gespann ohne fremde Hilfe leicht handhaben«, fügt Kurt stolz hinzu.

Den Reiserouten der Wallenfangs folge ich auf einer Weltkarte. Darauf sieht man deutlich, daß es Gebiete gibt, die sie besonders lieben und mehr-

Verhängtes Glück

mals angefahren haben. Helga schwärmt vom Norden, den skandinavischen Ländern, besonders Norwegen hat es ihr angetan. Und Kurt weist immer wieder auf Straßen, die die beiden mit ihrem treuen Gespann bisher noch nicht befahren haben, »die aber zu einer Tour einladen«. Mittlerweile ist ein dichtes Netz von Linien auf der Weltkarte, die im Hausflur hängt, gezeichnet. Und jede eingezeichnete Linie hat ihre Geschichte.

Auf ihrer Fahrt in den Kaukasus im Jahre 1976 sind sie von der vorgeschriebenen Strecke abgekommen. Ein freundlicher sowjetischer LKW-Fahrer brachte sie nach einem langen Umweg wieder auf die richtige Straße nach Tiflis. Der Bruderkuß des freundlichen Herrn ist den beiden unvergessen. »Durch diesen Umweg haben wir eine gefährliche Baustelle umfahren«, erinnert sich Kurt. Die ungeduldigen sowjetischen Kontrolleure staunten nicht schlecht, als die vermeintlich »Verlorenen« dann doch wieder auftauchten.

England, Irland und Schottland wurden im Jahr darauf angefahren. Auf den schmalen Straßen bewährte sich das kleine Gespann hervorragend, und mancher irische Farmer wird wohl über die Steinmauern geschaut und sich gefragt haben, was die Herrschaften wohl alles dabeihaben. Kurt Wallenfang hätte ihnen dann sicher den Ausbau gezeigt, der zum größten Teil original ist, bis auf die feinen und praktischen Ergänzungen, die er selbst ersonnen und montiert hat. Neben anderen praktischen Verbesserungen ist besonders die feuchtigkeitsgesteuerte Entlüftung in dem rollenden Doppelzimmer erwähnenswert. Das Prinzip ist einfach: ein Feuchtigkeitsregler schaltet einen kleinen Lüfter ein, der die feuchte Luft nach draußen bläst. Durch den Unterdruck im Wohnwagen wird durch einen Luftschlitz in Bodenhöhe frische Luft angesaugt. Auf diese Weise kann sich kein Schwitzwasser niederschlagen, das Raumklima ist freundlich und trocken. Der erfahrene Bastler Kurt kommentiert: »Die Hersteller könnten die einfachen Wohnwagen leicht mit solch einer Technik ausrüsten, aber die wollen ja nur die großen Wohnwagen verkaufen.«

Im folgenden Jahr befuhren Helga und Kurt die Traumstraßen der Schweiz. Ihr Gespann bewährte sich abermals auf den Strecken mit den großen Höhenunterschieden. Schließlich hatte man ja auch schon das gefürchtete Serpentinenstück der E 68 in Norwegen von Gundwangen nach Stalheim geschafft.

Die Schotterstraße mit ihren engen Kurven und abrupten Steigungen war eine echte Herausforderung für das kleine Gespann. Die Strecke ist heute für alle Kraftfahrzeuge gesperrt. Statt dessen vergnügen sich Wanderer und Mountainbike-Fahrer auf dieser landschaftlich wunderbar gelegenen Strecke.

Nach Marokko ging es 1979. Auch im heißen Klima bewährte sich das Gespann, der selbstgebaute Kühlschrank funktionierte. Die Marokkaner staunten nicht schlecht, als sie einen Käfer mit einem kleinen runden Haus im Schlepp sahen. Die anderen Ausländer waren meist mit Allradfahrzeugen unterwegs, die durch ihre Größe imponierten. Soviel Aufmerksamkeit war den beiden schon lange nicht zuteil geworden, denn besonders in Deutschland wurden sie damals eher mitleidig belächelt als diejenigen, die immer noch mit dem »alten Kram« unterwegs waren. Auf mancher Fahrt wurde ihnen sogar des öfteren ein Vogel gezeigt, wenn der Käfer gemächlich den kleinen Wohnwagen durch die Landschaft zog. Im Laufe der Zeit haben die beiden sich ein dickes Fell zugelegt, denn eines war sicher, den Rummel um immer bessere, immer größere Wohnwagen wollten sie nicht mitmachen. Beide versichern mir: »Wir sind bis heute überzeugt, das kleine Gespann reicht für uns zwei.«

Die USA-Reise 1980 war mit 25 580 gefahrenen Kilometern eine besonders beeindruckende Tour. In dem Land, wo der VW Käfer bis heute einen legendären Ruf hat, in Kombination mit einem Oldie von Wohnwagen, wurden die beiden überall herzlich empfangen. Kurt lächelt: »Einer wollte uns sogar das Gespann abkaufen und alle Strafen zahlen, die auf uns zugekommen wären, wenn wir es nicht mehr ausgeführt hätten. Natürlich haben wir nein gesagt.« Über die Highways und Countryroads zogen sie ihre Spuren durch die Vereinigten Staaten, so wie neugierige Studenten, nur mit dem Unterschied, daß Helga damals auf die Sechzig zuging und Kurt nahe Siebzig war.

Zwei Jahre später fuhr man über Moskau abermals zum Nordkap und im Sommer 84 nach Island. Übernachtet wurde bei allen Fahrten auf Campingplätzen, gegessen wurde in Restaurants, Frühstück und die kalte Platte am Abend wurden im Beduin eingenommen. Als der Plan aufkam, nach Alaska zu fahren, meldete Helga Bedenken an, sie war der Meinung, daß sie nun doch schon in einem gewissen Alter wären, und dann mit dem nostalgischen Gespann noch mal so weit? Kurt konnte überzeugen. Bevor sie ein polnisches Frachtschiff in elf Tagen über den Atlantik brachte, hatte es Ärger gegeben. »Man wollte uns wegen unseres Alters keinen Versicherungsschutz für die USA gewähren.« Helga wirft ein: »So ganz unverständlich war das nicht. Zwei ältere Leute mit einem alten Wohnwagengespann. Die Versicherung hatte einige Bedenken.« Aber schließlich hat Kurt heftigen Protest eingelegt, der seine Wirkung nicht verfehlte, und schlußendlich wurde der Versicherungsschutz gewährt. Die Reise durch Alaska verlief übrigens fast ohne Zwischenfälle. Am Käfer wurden einige altersschwache Teile ausgewechselt. »Die Ersatzteile waren ohne Probleme zu beschaffen«, und Kurt zeigt mir neue, noch eingepackte Stoßdämpfer, die ein freundlicher Garagenbesitzer ihm im Doppelpack verkauft hatte. Mit 23 112 weiteren Kilometern auf dem Buckel kehrten die beiden voller neuer Eindrücke heim. All die Tausende gefahrener Kilometer hat Kurt akribisch in Fahrtenbücher notiert, und so kann er genau über jeden Reisekilometer, alle Zeiten und Orte genaue Auskunft geben.

Auf den letzten paar Tausend Kilometern sind auch die Autofahrer auf deutschen Straßen wieder freundlicher geworden, denn jetzt ist man ein Oldie, und die Kinder im modernen Reisemobil werden ihre Eltern öfter fragen: »Können wir nicht auch in so einem schönen alten Wohnwagen mit einem richtigen Käfer in Urlaub fahren?«

Am Ziel der Träume

Damit die Kinder auch später sehen können, wie alles angefangen hat, engagieren sich Helga und Kurt im Camping-Oldie-Club. Hier treffen sich Menschen, die Camping in ihrer ursprünglichen Form auch weiterhin betreiben wollen. Camping heißt für sie, sich in der Natur mit einem maßvollen Komfort erholen. Darüber hinaus sammelt man alte Campingutensilien, die vielleicht mit den Jahren in einem Museum ihren Platz haben werden. Kurt hat übrigens seine langgediente Knickerbocker in die Sammlung gegeben, damit auch sie, die von Anfang an dabei war, als kleines Relikt, Erinnerungen im Betrachter zukünftiger Ausstellungen über das Camping weckt.

Sicher wird Kurt beim nächsten fälligen TÜV-Termin sein Gespann wieder mit Stolz vorführen. Man kennt ihn bereits, und er ist sicher, daß es keine Probleme geben wird. Und Helga meint, eine Schiffsreise zu unternehmen, wäre mal etwas anderes. Auch wenn keine ganz großen Touren mehr geplant sind, einmal im Jahr wollen Helga, mit ihren jetzt 77 Jahren, und Kurt, mit seinen 86 Jahren, mindestens noch ausfahren, um vielleicht einmal einen Teil Europas zu erkunden, den sie bisher für sich noch nicht entdeckt haben.

Wichtige Adressen

Allgemeiner Deutscher Automobil-Club e.V. (ADAC)
Camping- und Urlaubsservice, Am Westpark 8, 81373 München
Telefon 089/76 76 69 91, Fax 089/76 76 49 08
http://www.adac.de./adac.storefront

Camping Oldie Club e.V.
Wolf-Dieter Hildisch, Philipp-Reis-Straße 2, 91058 Erlangen

Deutscher Camping Club e.V.
Mandlstraße 28, 80802 München
Telefon 089/38 01 42 25, Fax 089/38 01 42 42, http://campingpresse.de

Fédération Internationale de Camping et de Caravanning
Rue d'Arenberg 44, B 1000 Brussles, Belgium, Telefon 0032 2 513 87 82

Reisemobil Union e.V.
Einsteinstraße 19, 26160 Bad Zwischenahn, Telefon 0441/9 69 90 84
Fax 0441/9 69 90 80

Verband Deutscher Wohnwagen- und Wohnmobil-Hersteller (VDWH)
Am Holzweg 26, 65830 Kriftel bei Frankfurt
Telefon 06192/97 12 00, Fax 06192/97 12 23, http://www.vdwh.de

Zeitschriften

Camping, Cars & Caravans und Reisemobil International erscheinen monatlich
im CDS Verlag GmbH
Postwiesenstraße 5 A, 70327 Stuttgart, Telefon 0711/1 34 66 22
Fax 0711/1 34 66 38, http://www.camping-cars-caravans.de

Caravan erscheint monatlich
im Panorama Verlag
Sudbrackstraße 14–18, 33611 Bielefeld, Telefon 0521/5 85 0, Fax 0521/58 54 80

promobil und Caravaning erscheinen monatlich
im Vereinigte Motor-Verlage GmbH
70162 Stuttgart, Telefon 07152/9 41 50, Fax 07152/94 15 99
http:/motor-presse-online.de/zeitschriften

Auswahlbibliographie

Berger Hans, Das Wohnwagen-Bilderbuch, München 1936

Bierbaum, O. J., Eine empfindsame Reise im Automobil, München 1954

Brilli, Attilio, Als Reisen eine Kunst war, Berlin 1997

Busch, Fritz B., Unser Sturmvogel hat Räder, Stuttgart 1995

Camping Oldie Club, Jubiläum – Ein Rückblick auf 10 Jahre, Konstanz 1998

Campingtourismus in Deutschland, Heft 11 der Neuen Fachreihe des Deutschen Fremdenverkehrsverbandes, Bonn 1997

Dickens, Charles, Der Raritätenladen, Berlin 1974

Dobenek, Hanns, Die weite, weite Welt, Leipzig 1910

Endlich Urlaub! Die Deutschen reisen, Begleitbuch zur Ausstellung im Haus der Geschichte, Bonn, 6. Juni bis 12. Oktober 1996, Köln 1996

Glaser, Hermann, Deutsche Kultur 1945–2000, München, Wien 1997

Grube, Frank, und Richter, Gerhard, Das Wirtschaftswunder, Hamburg 1983

Hauser, Heinrich, Fahrten und Abenteuer im Wohnwagen, Dresden 1935

Henning, Christoph, Reiselust, Frankfurt 1997

Kanu 1914–1989, 75 Jahre Deutscher Kanu Verband e.V., Duisburg 1989

Kemmer, Adi (Hrsg.), Caravans sicher fahren, Stuttgart 1997

Kemmer, Adi (Hrsg.), Das neue Caravan Lexikon, Stuttgart 1997

Kemmer, Adi (Hrsg.), Das neue Reisemobil Lexikon, Stuttgart 1997

Kubisch, Ulrich, Wohnwagen, Geschichte, Technik, Ferienzeit, Berlin 1998

Reisekultur, Hrsg. Hermann Bausinger, Klaus Beyrer, Gottfried Korff, München 1991

Seume, Johann Gottfried, Spaziergang nach Syrakus, München 1985

Stellplatz – Atlas Deutschland, promobil, Stuttgart 1998

Wildhagen, Dr. Eduard (Hrsg.), Kursbuch für Wagen und Magen, Hamburg 1956

Wunderwirtschaft, DDR – Konsumkultur in den 60er Jahren, Hrsg. Neue Gesellschaft für Bildende Kunst, Köln, Weimar, Wien 1996

Zeitschriften

ADAC Freizeit Mobil, Zeitschrift des Allgemeinen Deutschen Automobil Club, München, Jahrgänge 1994–1998

Camping, Zeitschrift des Deutschen Camping Club e.V. München, Jahrgänge 1953–1998

Bildnachweis

Heinz G. Müller: Abb. S. 45
Helga und Kurt Wallenfang: Abb. S. 184, 186 und 189
Die Abbildungen S. 60 bis S. 76 wurden dem Band »Laube auf Rädern« von Ulrich Kubisch entnommen, dem wir für die freundliche Abdruckgenehmigung danken.
Die Abbildungen S. 148 und S. 157 sind aus dem Band »Die nackte Republik«, herausgegeben von: Zeitschrift »Das Magazin«
Alle anderen Abbildungen sind der Zeitschrift »Camping« entnommen.

Wir danken dem DCC herzlich für die Genehmigung zum Abdruck.